ANTOLOGÍA POÉTICA

D1431626

clásicos castalia

COLECCIÓN FUNDADA POR
DON ANTONIO RODRÍGUEZ-MOÑINO

DIRECTOR
DON ALONSO ZAMORA VICENTE

Colaboradores de los volúmenes publicados:

VICENTE HUIDOBRO

ANTOLOGÍA POÉTICA

Edición,
introducción y notas
de
HUGO MONTES

clásicos castalia

M a d r i d

INTRODUCCIÓN

BIOGRÁFICA Y CRÍTICA

1. EVOCACIÓN BIOBIBLIOGRÁFICA

Vicente Huidobro nació en Santiago de Chile en enero de 1893, cuatro años después que Gabriela Mistral y once antes que Pablo Neruda, sus grandes compatriotas poetas. Falleció el 2 de enero de 1948 en su fundo de Cartagena, vecino de la capital. Allí está su tumba, en una colina frente al mar.

¡Más de medio siglo de vida dedicada apasionadamente a la literatura! Escritor precoz —al cumplir veinte años ya había publicado tres libros— y fecundo, que cultivó la poesía, el ensayo, la novela y el drama. Ávido de novedades, vivió largas temporadas en Europa, principalmente en París, donde conoció a las grandes figuras de la Vanguardia artística, desde Picasso y Juan Gris hasta Apollinaire, Arp, Lipschitz y Strawinsky. Polemizó con Pierre Reverdy y Guillermo de Torre, colaboró con Hans Arp, Delaunay ilustró uno de sus libros, Picasso hizo su retrato. En España, Gerardo Diego y Juan Larrea fueron sus altos compañeros de ruta.

Le dio tiempo, empero, para incursionar por la política, fundar un periódico, asistir a la Guerra Civil española y ser corresponsal en el ejército francés durante la Segunda Guerra Mundial.

Apasionado, casó joven con Manuela Portales Bello, dama de la aristocracia chilena, con la que tuvo cuatro hijos y de la que luego se separó. Con un rapto novelesco inició nueva relación sentimental con Jimena Amunátegui, que fructificó en su quinto hijo. Ya maduro, regresó definitivamente a la patria, acompañado de Raquel Señoret, hija del embajador de Chile en Inglaterra.

La vida de Huidobro estuvo impregnada de un sello de inquietud, de búsqueda, de afán de originalidad, de apasionamiento. Todo en ella fue intenso y radical. La poesía y la leyenda aureolaron viajes, amores, actividad política, declaraciones periodísticas, publicaciones de libros, traducciones, etc.

Vicente García Huidobro Fernández es el nombre completo del poeta. Hijo mayor del acaudalado matrimonio de don Vicente García Huidobro y de doña María Luisa Fernández, ambos de rancio abolengo, tenía asegurado su porvenir social y económico. Sería diplomático o parlamentario, ministro de Estado, quizá presidente de la República. En broma o en serio, la madre soñaba aún más: sería monarca del país, Vicente I. [1] Una educación esmerada en el colegio de los jesuitas era buen comienzo para tan auspiciosa carrera. Ingresó, en efecto, en el colegio San Ignacio, junto a los hijos de varias otras familias patricias de Santiago. [2] Mas pronto asomó su espí-

---

[1] No ha sido publicada la rica correspondencia de Huidobro. Las cartas que le dirigió su madre tienen importancia fundamental para el estudio biográfico del autor, aún por hacer. La referencia a la monarquía huidobriana puede verse en el libro de Hugo Montes, *Lírica chilena de hoy*, p. 60. Ed. del Pacífico, Santiago, 1970, 2.ª edición. Vale la pena transcribir, como ejemplo, algunas líneas de la carta fechada en Santiago el 30 de abril de 1930: "Yo te formé para rey, de modo que tú llevas las cualidades iniciales, y si no fueras tan loco ya habrías llegado a reinar aquí, precisamente en el país donde naciste... Este país espera a su Salvador, a Vicente I, al que dará lustre a su familia que sólo vive espiritualmente por tus libros y por tu madre."

[2] Recordamos a algunos de los compañeros de curso del poeta: Enrique Aldunate Calvo, Arturo Baeza Goñi, Oscar Blanco Viel, Guillermo Cox Lira, Jorge Cox Lira, Ignacio Domínguez Solar, Miguel Fernández Solar, Luis Fresno Larraín, Fernando Larraín Vial, Mauricio Riesco Undurraga, Alberto del Río Ron-

ritu díscolo y surgieron las dificultades con los superiores. Acusado de leer libros prohibidos por la Iglesia, debió salir del colegio antes de concluir los estudios regulares. [3] Prefirió fundar revistas —*Azul* y *Musa Joven* son de esa época—, organizar tertulias literarias y escribir. Los libros se suceden. El primero, *Ecos del alma* (1911-1912), muestra clara influencia de Bécquer y Heine. *La gruta del silencio* (1912) atisba caminos más personales y más audaces, sobre todo en sus últimos apartados, "Los poemas alucinados" y "Coloquios espirituales". El tercero, de 1913, nace a la luz de Rubén Darío; se titula *Canciones en la noche*. El subtítulo —"Libro de modernas trovas"— es elocuente respecto de su procedencia modernista. Allí aparecen por primera vez poemas en disposición tipográfica especial, suerte de caligramas anteriores a los que luego habría de universalizar Apollinaire. [4] Y es que el afán de novedades estuvo siempre en el autor. Su posterior encuentro con los artistas europeos de la época iba a ocurrir como algo natural en quien de año en año y de libro en libro había ido reconociendo a nuevos maestros. Tan pronto se adhería a uno como lo dejaba, para ir en pos del siguiente. Bécquer, Heine, Darío, Valle-Inclán, D'Annunzio, Pérez de Ayala, Gómez Carrillo, aparecen, entre otros, en los epígrafes o dedicatorias de esos primeros libros.

Dos más aparecerán en 1914, *Las pagodas ocultas* y *Pasando y pasando*. Aquél, un conjunto heterogéneo de

---

danelli, Ramón Tagle Ortúzar, Miguel Venegas Cifuentes y Leonidas Vial Palma.

[3] Huidobro se ha referido a sus años de colegial ignaciano en el libro *Pasando y pasando*. Dice sobre el particular: "...fui al estudio, tomé mi sombrero y salí del colegio, cuidando antes de avisarle a mi confesor la determinación que había tomado de no permanecer un día más en el colegio con una calumnia encima... A los pocos días de mi salida del colegio llegó una carta del padre Prefecto, que hasta hoy conservo, en que decía a mis padres que yo podía volver al colegio. Buen cuidado tuve de no volver más."

[4] El caligrama "Triángulo armónico" fue anticipado en el número 1 de la revista *Musa Joven*, Santiago, octubre de 1912.

salmos, poemas en prosa, ensayos y parábolas; éste, una
suerte de autobiografía polémica y aristosa que muestra
a las claras al hombre díscolo, independiente y altanero
que había en Huidobro.

Adán, de 1916, es el último libro que el autor publica
en Chile antes de salir por primera vez al extranjero. Está
inspirado en los ideales naturales del filósofo y poeta
norteamericano R. W. Emerson. Escrito en verso libre,
con ritmo inesperado, es poemario que inicia el cultivo de
temas y personajes de grandes dimensiones. Después, en
tal línea, vendrían obras acerca del Cid, Cagliostro, Altazor, y otras análogas de títulos igualmente grandiosos,
como *Poemas Árticos, Horizon carré, Ecuatorial* y *En la
luna.*

En Buenos Aires el poeta da una conferencia en la
que proclama que el primer deber del poeta es crear, el
segundo crear y el tercero crear. José Ingenieros lo bautizó entonces como el poeta creacionista, nombre con el
que iba a pasar a la historia literaria. Publica, además,
un breve libro de señalada importancia estética, *El espejo de agua.* El primer poema, "Arte poética", resume
el credo artístico de su autor:

> Por qué cantáis la rosa, oh Poetas,
> Hacedla florecer en el poema
> El poeta es un pequeño dios.

Como se ve, Huidobro ya antes de abandonar la América española ha elaborado una teoría literaria. En Europa
la desarrollaría y, más importante, en conformidad con
ella escribiría poemarios profundos y hermosos, a nuestro juicio de los más logrados de la vanguardia. Pensamos sobre todo en *Ecuatorial* y *Poemas Árticos,* apare-
cidos en Madrid en el año 1918, y en *Horizon carré* y
Tour Eiffel, París, 1917 y 1918 respectivamente. El francés pasa a ser su segunda lengua. [5] Son años de intensa

---

[5] A principios de siglo, el francés era enseñado en los colegios
chilenos con mayor intensidad que hoy día, en que ha sido des-

creatividad y de vehemente defensa y difusión de los nuevos principios artísticos. Nacen las revistas *Création* y
Nord-Sud. El poeta da conferencias en Madrid y París, mantiene una nutrida correspondencia con artistas y
periodistas, prepara antologías —*Saisons choisies* (1921),
Manifestes (1925)— y nuevos libros. En 1919 empieza
a escribir *Altazor,* libro central en toda su producción, que
sólo va a ver la luz pública en 1931. *Automne régulier,*
de 1925, contiene poemas escritos entre 1918 y 1922.

El interés político y cierto deseo de notoriedad pública
se unen para generar un libro curioso, especie de ensayo
largo contra el imperialismo inglés: *Finis Britanniae*
(1923). Son casi cien páginas en francés [6] con las que se
inician los escritos políticos de Huidobro. Su posición es
de acre censura al poderoso imperio británico, análoga
a la que años más tarde iba a dirigir contra los Estados
Unidos de Norteamérica. [7] El autor asume la defensa de
las naciones amenazadas por los "grandes" del mundo en
un gesto literario que habría de corresponderse con pos-
teriores actuaciones contra el fascismo, los nazis y el co-
munismo. [8] Huidobro, contradictorio y apasionado, dista
de ser sólo el esteta, el artista puro, el creacionista utó-
pico y el poeta desarraigado de su patria. Precisamente
en la década del veinte, cuando su creatividad poética
alcanzaba expresiones cimeras, se las arregló para com-
prometerse a través de escritos relevantes en situaciones
políticas contingentes, tanto en el plano nacional chileno
cuanto en el internacional. Su postura política, aunque to-
cada como todo lo suyo de gracia, poesía y humor, es ri-

---

plazado por el inglés. Sin embargo, cuando Huidobro fue a Francia por primera vez no dominaba plenamente el idioma francés.

[6] El título apareció sin la "e" propia del genitivo latino. La
traducción del libro al español fue hecha por la hija del poeta,
Manuela García Huidobro, para la segunda edición de sus
Obras Completas, 1976.

[7] Cf. "Cartas al tío Sam (Páginas olvidadadas de Vicente Huidobro)", en *Anales de la Facultad de Filosofía y Educación de la
Universidad Católica de Chile,* 1967.

[8] Cf. de V. Huidobro, "Por qué soy anticomunista", revista
Estanquero, núm. 12, abril de 1947, Santiago de Chile.

gurosa y muy definida. Le costó, además, caro mantenerla. Golpes, rapto y hasta privación de la libertad fueron el precio de una actitud que de ninguna manera puede reducirse a mera teatralidad. [9]

En 1925 el poeta viaja a Chile. La situación política del país era confusa, por decir lo menos. El presidente de la República —Arturo Alessandri Palma— recién había retomado el poder luego de un exilio de seis meses en Europa. [10] Terminaba su período constitucional y la lucha por la sucesión era enardecida. El golpe militar del año anterior había dejado abierta la puerta para actuaciones análogas al margen de la institucionalidad legal. De hecho, el país vivió más de un lustro, a partir de entonces, situaciones irregulares de dictadura, Juntas de gobierno, Jefes de Estado interinos, etc. Sólo en 1932, en la segunda presidencia del mismo Alessandri, se volvió al cauce normal. [11] Particularmente fuerte era la efervescencia juvenil. Huidobro supo expresar muchos de sus anhelos y pasó a ser el adalid de las nuevas ideas. Sus metas políticas eran, podría decirse, "gruesas". Abogaba por la depuración administrativa, por la claridad en el manejo de las finanzas públicas, por facilitar una expresión adecuada a la juventud, por el rechazo de la intromisión norteamericana en las decisiones gubernamentales. Se dio tribuna a sí mismo y a un grupo de amigos, varios de ellos poetas, fundando el periódico *Acción*. La Federaración de Estudiantes universitarios llegó a proclamarlo candidato a la presidencia de la República, candidatura que, por cierto, no tuvo mayor trascendencia.

---

[9] Falta un estudio definitivo sobre Huidobro y la política. Cf. de René de Costa, *Vicente Huidobro (The careers of a poet)*, pp. 104 y sigs.

[10] Es de interés recordar que Huidobro invitó a una conferencia que dio en La Sorbona bajo la presidencia de honor del exiliado mandatario Alessandri Palma. La tarjeta de invitación se incluye en las láminas que ilustran esta edición.

[11] La bibliografía sobre este período anárquico de la historia política chilena es amplia. Cf., en todo caso, el libro de varios autores *Chile en el siglo XX*, Ed. Emisión, Santiago, 1986.

Entonces fue candidato a diputado por Santiago. Alcanzó una votación escasa, lo que puso punto final a esta etapa de sus incursiones políticas. [12]

No menos viva fue la actuación de aquellos años en el plano propiamente literario y en el sentimental. Aparece traducido del francés un fragmento de *Altazor* [13] y, en 1926, el libro de aforismos *Vientos contrarios*. Entrevistas de prensa, publicación de poemas en periódicos y la conversación estimulante con amigos realzan la significación de este viaje a Chile. De otra parte, la separación definitiva de la esposa y el encuentro con la hermosa y joven Jimena Amunátegui, quien después lo acompañaría a Francia, cambiaron la vida personal y familiar de Huidobro.

Luego de una estancia breve en los Estados Unidos y de unos viajes fugaces a Santiago, el poeta se instala nuevamente en París y retoma trabajos de importancia. Sus amigos se han ido dispersando y algunos como Juan Gris miran con poca simpatía la ausencia de Manuela Portales. Las relaciones con la familia distante son cada vez más frías. El único vínculo es la madre. El poeta se torna, por momentos, agresivo. [14] Su refugio vuelve a ser el

---

[12] Cf. el breve pero valioso libro de Maximino Fernández, *Vicente Huidobro y Nicanor Parra,* Lord Cochrane, Santiago, 1980.

[13] "Altazor. Fragmento de Un viaje en paracaídas". Traducción de Jean Emar en el diario *La Nación*, 29 de abril de 1925.

[14] He aquí una muestra de esta agresividad:

"Mamá mía:

No recuerdo haberle escrito jamás ninguna carta con la menor insolencia. ¿Llama usted insolencia que le diga que ustedes se han quedado muy atrasados y al margen del mundo? O es por que le digo que ya nadie les hace caso, que en Chile nadie les lleva el apunte ni los toman en cuenta para nada? Eso no es ninguna insolencia, es una simple constatación, además eso está bien claro y todo el mundo que tenga ojos puede admitirlo. Veo que la evolución de las ideas la tiene muy sin cuidado. También al mundo le tiene muy sin cuidado lo que ustedes piensen. A mí en cambio no me espanta la evolución actual porque el

mundo de las letras. Escribe —inspirado en el romancero viejo— la novela el *Cid Campeador,* termina *Altazor* y compone un pequeño libro en prosa de honda significación, *Temblor de cielo.*

"Hazaña" llama Huidobro a su novela, relato poético que recrea y humaniza al héroe castellano. En gesto audaz, de difícil manejo literario, se introducen anacronismos (una máquina fotográfica inmortalizará el momento en que el Cid sale a combatir contra los moros), anglicismos (cowboy, sportman, record, etc.) y diversos recursos humorísticos. El protagonista se acerca al lector, su vida es vista desde facetas de amor y amistad y, sin perder su aureola de héroe, se humaniza y universaliza a la vez.

Altazor es la creación magna del poeta. Un prefacio y siete cantos estructuran el poema, de significación múltiple. El protagonista viaja en paracaídas por un mundo de astros no menos que por el mundo de la poesía. Es azor alto, o sea, un ave de penetrante mirada que se remonta a la altura misma de Dios. Sólo que Dios ha muerto. El viaje lleva, así, a un fondo sepulcral en que yace lo tradicionalmente visto como sagrado e inmortal. Mas no hay desesperación. El yo poético, confundido con Altazor, ha nacido el día mismo de la muerte de Cristo. Su tarea es dar nueva vida a cuanto vale la pena que exista, especialmente a la poesía. El poema, de dimensiones puramente humanas en su comienzo, apunta, a medida que avanza, hacia el decir creador. Se anuncia ya al final del Canto primero un nuevo nacimiento: "Silencio la tierra va a dar a luz un árbol." El Canto II —hermosísima oda a la mujer— presenta a la amada ideal, distinta, purísima. En el contexto es también la madre del árbol recién anunciado y la progenitora del Verbo recreador. [15] El len-

---

mundo empieza solo ahora a acercarse algo a lo que yo siempre he pensado."

(Inicio de una carta del poeta a su madre, fechada en París el 26 de abril de 1932.)

[15] Cf. el artículo de Hugo Montes, "Altazor a la luz de lo religioso", en *Revista Chilena de Literatura,* núm. 18, Santiago, noviembre de 1981.

guaje empieza a ser desmontado y se ensayan combina-
ciones curiosas ("Al horitaña de la montazonte"). Aparece el "eterfinifrete", palabra circular, de igual lectura
desde el comienzo que desde el remate. La tarea urge
("no hay tiempo que perder") y vale la pena. El Canto VI,
casi ininteligible, muestra la dificultad de hallar la poesía nueva. El Canto VII y final, de sonidos guturales
irreductibles a cualquiera traducción semántica, conven-
ce de la imposibilidad del intento que, no obstante,
había que acometer. Se confirma lo ya enunciado: "el
poema es una cosa que nunca ha sido, que nunca podrá
ser".[16] En síntesis, un intento grandioso de lenguaje di-
ferente, establecedor de realidades sostenidas no más que
por la palabra. Huidobro intentó realizar el sueño de una
poesía absoluta desligada de cualquier referente a no ser
ella misma, esbozado en poetas decimonónicos como Rimbaud y Mallarmé.

  Temblor de cielo aparece en Madrid el año 1931, junto con *Altazor*. Ambos libros revisten un carácter comple-
mentario. Los motivos de la muerte y del amor son en
ellos igualmente importantes. Se trata de poemas largos,
uno en prosa, el otro en verso. Los dos tienen siete partes. Pero *Temblor de cielo* parece aludir menos que *Altazor* a las cuestiones de la poesía. El poeta, dominado
por el amor a Jimena Amunátegui y por el afán de libe-
ración sexual, centra su obra en la mujer. Es un juego
mortal e inmortal a la vez: "El hombre sobre la mujer
eternamente como la piedra encima de la tumba."

  Por aquellos años, Huidobro y el artista alsaciano Hans
Arp pasaron unas vacaciones en común en Francia. De allí
nació una pequeña obra humorística que iba a recibir,
primero, el título de *Tres novelas ejemplares* (1931) y,
luego, el de *Tres inmensas novelas* (1935). El libro, pen-

---

[16] Leemos en el prefacio de *Altazor*:

Un poema es una cosa que será.
Un poema es una cosa que nunca es, pero que debiera ser.
Un poema es una cosa que nunca ha sido, que nunca podrá ser.

sado en francés por ambos autores, fue transcrito de inmediato en español por Huidobro, y publicado en este idioma. En 1946 apareció en versión francesa con el título *Trois nouvelles exemplaires*. Tiene un humor intenso, caricaturesco a ratos. La exageración y el absurdo son los resortes más frecuentes que el libro ofrece para despertar la hilaridad en el lector. En él todo es hiperbólico, disparatado, loco.

El género narrativo siguió atrayendo a Huidobro. *La Próxima* (Historia que pasó en poco tiempo más), *Papá o el diario de Alicia Mir, Cagliostro* (novela-film), *Sátiro o el poder de las palabras* son novelas que aparecen en la década del treinta, las cuatro en Santiago de Chile. Lo atrae también el drama. *Gilles de Raiz,* en cuatro actos y un epílogo (1932), y *En la luna,* guiñol cargado de intención política (1934), lo comprueban.

En la luna [17] es una farsa que se inserta en el teatro del absurdo. Sus antecedentes hay que buscarlos en el *Ubu Rey,* de Alfred Jarry, y en *Las mamelles de Tiresias,* de G. Apollinaire. Los personajes, de nombres ridículos —Pipi Popó, Lulú Lalá, Don Fulano de Tal, Rodrigo Rodríguez, Domingo Domínguez, Gonzalo González—, revisten caracteres de marionetas. Su decir es parco, preciso, insólito. La actuación es rápida. El conjunto, que se deja leer con facilidad, pone en sorna los gobiernos títeres de muchos países hispanoamericanos. A la vista quedan la superficialidad, la corrupción, la improvisación de políticos, financieros, militares y otros grupos dirigentes. Se llega a la farsa cruel, como cuando un delegado replica al pueblo que pide pan con las siguientes palabras:

> Los que dicen que tienen hambre, mienten, señores; no tienen hambre. Repito que mienten, señores; confunden con el hambre otras cosquillas del estómago, como la risa o ciertas frases en ventriloqueo que se les quedan palpitando debajo del ombligo. Sí, señores, hay que tener cuidado con las confusiones. No se puede arrastrar a nuestra amada

[17] Esta obra fue representada en Chile, a fines de 1965.

patria a una revolución antipatriótica por simples confusiones de los sentidos. [18]

El autor, una vez más en Chile, vuelve a interesarse por la política. Se compromete con la oposición izquierdista que forma el Frente Popular y alcanza el triunfo presidencial de 1938 con Pedro Aguirre Cerda. *La Opinión* y otros periódicos de avanzada publican sus artículos, sus cartas de adhesión, sus llamados a producir un cambio en el Gobierno del país. Luego va a España, en cuya guerra civil participa activamente. Lee un discurso encendido en el Congreso de intelectuales de Valencia, habla por radio, concede entrevistas y vaticina una y otra vez la victoria de las fuerzas republicanas. Su afán de actividad y servicio lo llevan a incorporarse como corresponsal de guerra en el ejército francés que lucha contra la Alemania nazi. Llega, triunfante, hasta Berlín. [19]

Finalizada la guerra mundial, el poeta regresa a Chile. Se radica, acompañado de Raquel Señoret y de su hijo Vladimir Huidobro Amunátegui, en una cómoda residencia santiaguina. Ha comprado el fundo Cartagena, adonde gusta ir con sus amigos y discípulos, entre los que cabe mencionar a Teófilo Cid, Enrique Gómez Correa, Eduardo Anguita y Braulio Arenas. La gente joven lo rodea y lo reconoce como a un maestro.

Habla con vehemencia de la gran poesía francesa contemporánea. Se entusiasma recordando a Apollinaire, Jacob y Eluard. Mantiene correspondencia con los viejos amigos, especialmente con Juan Larrea. Escribe poemas y colaboraciones acerca de la poesía. Sus opiniones siguen siendo categóricas: rechazo de García Lorca y Rabindranath Tagore, distancia de Neruda, voluntario desconocimiento de Gabriela Mistral, admiración por Gerardo Diego, endiosamiento de Apollinaire. Hasta su muerte, ocurri-

---

[18] *En la luna,* Acto I, Cuadro III.
[19] Huidobro, siempre audaz y fantasioso, aseguraba tener en su poder el teléfono que Hitler usaba en Berlín hasta poco antes de su muerte.

da el 2 de enero de 1948, está planeando nuevas obras y soñando con escritos diferentes, creadores. [20]

2. IDEAS ESTÉTICAS

Huidobro es un escritor que desde muy joven se propuso realizar cierto tipo de poesía, el único que le parecía válido. Luego de buscar maestros, como se ha dicho, entre los románticos y los modernistas, hurgó por caminos más nuevos y difíciles. Así fue como dio con el norteamericano R. W. Emerson y con los grandes líricos franceses del siglo XIX, desde Baudelaire hasta Rimbaud y Mallarmé. De ellos aprendió a independizar la obra de arte de cualquiera suerte de naturalismo. No quiso subordinar la creatura artística a modelos preexistentes en la naturaleza y, en general, rechazó cuanto significara imitación. La originalidad se transformó en valor superior o, si se quiere, en condición necesaria para que la obra tuviera valía estética. Ya en 1914 decía aborrecer la rutina y el clisé y amar la novedad. Este mismo año pronuncia en *El Ateneo* de Santiago la conferencia "Non serviam", título que indica a las claras la rebelión del poeta frente al tradicional afán de seguir a algo o a alguien. Se trata precisamente de lo contrario, de ser amo y de no tener servidumbre respecto de nadie, menos de la madre Natura. Si ella ha hecho sus propios árboles y sus

---

[20] Quien escribe estas líneas recuerda con alegría esos años en que tuvo el privilegio de conocer al poeta. No puede olvidar sus ojos claros y expresivos, su voz enérgica, sus gestos entre teatrales y de gran señor, su bondad y hasta su ternura oculta tras la frase rotunda, quizás arbitraria. Gustaba hablar de poesía nueva, se interesaba por cuanto escribían los jóvenes. Solía llevar la conversación hacia temas bíblicos, religiosos y esotéricos. Le extrañaba la seriedad de Dios y preguntaba por las vicisitudes sicobiográficas de Teresa de Ávila. Colaboró generosamente en la revista juvenil *Amargo* con dos excelentes escritos, "El paso del retorno" y una opinión sobre "El Soneto". ¡Lástima que la muerte repentina y prematura le haya impedido continuar formando en la poesía a nuevas promociones de jóvenes!

propios ríos, ¿por qué no ha de poder hacerlos el poeta?
Limitarse a cantarlos es limitarse demasiado. El hombre
es el rey de la creación, no su criado. Los textos hablan
por sí mismos:

> Hemos cantado a la Naturaleza (cosa que a ella bien
> poco le importa). Nunca hemos creado realidades propias,
> como ella lo hace o lo hizo en tiempos pasados, cuando
> era joven y llena de impulsos creadores. Hemos aceptado,
> sin mayor reflexión, el hecho de que no puede haber otras
> realidades que las que nos rodean, y no hemos pensado
> que nosotros también podemos crear realidades en un mun-
> do que espera su fauna, y su flora propia. [21]

Pero había que ir más lejos todavía. No bastaba la actitud negativa. ¿Qué proponer a cambio de la actitud imitativa? La etimología de la voz "Poema" vino en su ayu-
da. Se trataba de establecer realidades propias con la
palabra distinta. Es lo que ya entreví en Buenos Aires:
"El primer deber del poeta es crear, el segundo es crear
y el tercero crear." La imaginación del poeta lo lleva también a afirmar que un indio de Bolivia le dijo que no
cantara la lluvia sino que hiciera llover con su canto.
Como sea, el hecho es que el poeta viaja por primera
vez a Europa con un bagaje teórico sólido aunque insu-
ficientemente desarrollado. En contacto con los grandes artistas de la Vanguardia, iba a afianzar, a afinar y a explici-
tar rápidamente sus ideas. Y, tan importante como esto, pro-
curaría expresarlas en obras creativas acordes con su pensamiento. En este sentido, el poeta chileno fue muy con-
secuente y fiel a sus ideales. A diferencia de Gerardo
Diego, por ejemplo, sólo escribió obras dentro de la nueva línea. Para siempre abandonó cualquier manera tradicional —romántica o modernista— y se dedicó a ahon-
dar dentro de la estética hallada. Enamorado de lo nuevo, dejó atrás y para siempre el cultivo de las estrofas
regulares, del verso medido por sílabas, de la rima. Pues-

---

[21] "Non Serviam", en *Obras Completas,* II, 175.

to a discutir el problema, por ejemplo, del soneto, sus palabras fueron categóricas:

> Me piden ustedes, que son jóvenes poetas, una opinión sobre el soneto, lo cual me extraña, porque yo creía esa fórmula retórica absolutamente liquidada y sin vigencia alguna [...] No me preocupa el soneto porque preocupó a mis abuelos [...] Los hombres vueltos hacia el pasado pueden ser historiadores, pero no serán poetas. Poema, poesía, del griego *poien,* significa crear, creación, no repetición. [22]

El punto de partida del creacionismo está en la separación entre el lenguaje gramatical y el lenguaje mágico. Aquél es objetivo y sirve

> para nombrar las cosas del mundo sin sacarlas fuera de su calidad de inventario; el otro rompe esa norma convencional y en él las palabras pierden su representación estricta para adquirir otra más profunda y como rodeada de un aura luminosa que debe elevar al lector del plano habitual y envolverlo en una atmósfera encantada. [23]

El lenguaje poético desafía a la razón y su valor está en razón directa de su distancia del lenguaje cotidiano. Y es que al poeta sólo cabe expresar lo inexpresable; el resto queda para el vulgo.

Esta diferencia de lenguaje corresponde a otra diferencia igualmente importante, a saber, la del arte y la vida. Hay una verdad de la vida y una verdad del arte; ésta es producida por el artista, mientras que aquélla existe antes que él. Confundir ambas verdades es, según Huidobro, la principal fuente de error en el juicio estético. Se avecina una época eminentemente creativa. Es cierto que el artista obtiene sus motivos y sus elementos

---

[22] El texto apareció por primera vez en el número 6 de la revista *Amargo,* Santiago, junio de 1947. Está reproducido en las *Obras Completas,* II, 904.

[23] "La poesía", conferencia leída en el Ateneo de Madrid el año 1921. Está incluida en *Obras Completas,* II, 716 y 717.

del mundo objetivo, pero es cierto también que los transforma y combina, los devuelve al mundo objetivo bajo la
forma de nuevos hechos que tienen su razón de ser en sí
mismos. [24]

El artista realiza su obra en un estado de superconciencia, de delirio. Son momentos maravillosos en que
la mirada está muy abierta, en que la pasión clarividente
lleva a abarcar todo el universo. La razón sigue al delirio y aparta cualquier acompañamiento impuro que no
deba incluirse en la obra de arte. "La superconciencia,
explica el autor, se logra cuando nuestras facultades intelectuales adquieren una intensidad vibratoria superior,
una longitud de onda, una calidad de onda, infinitamen-
te más prolongada que de ordinario." [25]

Desde esta situación, el surrealismo es rechazado por
Huidobro. El dictado automático que brota del sueño sólo
puede conducir —afirma— a una poesía inferior, quizá a
"un banal truco de espiritismo." [26]

Se aboga, en cambio, por el creacionismo, teoría estética proclamada en reiteradas ocasiones por el poeta. Se
trata de establecer con la palabra una realidad nueva,
hermosa en sí misma y no por su evocación de cosas anteriores. Carece de sentido compararla con nada, porque
nada se le parece en el mundo ajeno al libro. Por poema
creado Huidobro entiende

> un poema en el que cada parte constitutiva, y todo el con-
> junto, muestra un hecho nuevo independiente del mundo
> externo, desligado de cualquiera otra realidad que no sea
> la propia, pues toma su puesto en el mundo como un fe-
> nómeno. [27]

No se desechan los elementos de la poesía tradicional,
sino se les integra con una necesidad nueva, ajena en ab-

---

[24] Manifiesto "La creación pura", en *Obras Completas*, II, 718
y sigs.
[25] "Manifiesto de manifiestos", en *Obras Completas*, II, 725.
[26] Idem, 724.
[27] "El creacionismo", *Obras Completas*, II, 733.

soluto a la realidad y a la veracidad anteriores al acto de
la creación. Es interesante señalar, al respecto, que Hui
dobro apreciaba la gran poesía de la tradición y que hasta
consideraba su escuela como una suerte de clasicismo. [2]

Mientras el poeta vivía, era difícil evaluar su obra
Su humor, su carácter apasionado y el afán polémico, de
una parte, y las reacciones familiares derivadas de su
vida privada, de otra, hacían casi imposible valorarla con
objetividad. Añádase que discípulos muy fieles y entu-
siastas y detractores implacables contribuyeron a la creación de lo que podría llamarse el mito de Huidobro, pero
poco hicieron por dar a conocer los escritos del poeta
Las ediciones primeras, a menudo muy hermosas y siempre de tirajes reducidos, eran prácticamente inaccesibles
para la mayoría de los lectores. Escaseaban las reediciones
especialmente de los libros franceses. Y sobre todo faltaban
estudios que echaran luz sobre la génesis, el estilo, la es-
tructura, el sentido incluso de poemas, dramas y novelas
Era indispensable pasar de la etapa de la mera admiración
o del rechazo por razones ajenas a la literatura, a una más
serena y objetiva, que permitiera la divulgación y la va-
loración adecuada de lo que tan digno era de ser bien
conocido.

Mucho se ha avanzado en los cuarenta años transcu-
rridos desde el fallecimiento del autor. Los más de sus escritos han aparecido en las dos ediciones de sus obras completas [29] y no han faltado las reediciones de algunos de los
títulos más célebres, como *Altazor, El Cid Campeador, Ca-*
gliostro y *Poemas Árticos.* Falta empero reunir artículos publicados en periódicos, tanto de Chile cuanto de otros
países, como Uruguay. Falta asimismo dar a conocer la

[28] Cf. Nuestro artículo "Rasgos clásicos del Creacionismo", en
la *Revista Chilena de Literatura,* núm. 22, noviembre de 1983.
[29] En la segunda, de 1976, con la incorporación de *Pasando y*
pasando y *Finis Britanniae,* se completó la reedición de los libros
de Huidobro.

nutrida correspondencia del autor, ya la de carácter familiar —en particular la que mantuvo con su madre—, ya la de carácter propiamente intelectual y estético.

En diversas partes del mundo han surgido expertos huidobrianos. Fernando Verhesen, Cedomil Goic, Nicholas Hay, David M. Guss, Antonio de Undurraga, Octavio Paz, René de Costa cuentan entre los principales. Sus estudios versan ante todo acerca de la vida y la poesía de Huidobro. A ellos hay que agradecer que el poeta ya no sea un desconocido o poco más que una figura mítica y que, por el contrario, sus poemas sean discutidos en congresos universitarios, estudiados en tesis académicas y en ensayos de prensa e inspiren a muchos poetas jóvenes.

Sin embargo, se echa de menos una biografía acabada del autor, y en ella puntos relevantes, como las lecturas que conformaron sus primeros libros y sus ideas estéticas; la relación con determinados autores vanguardistas, Tzara y el Borges joven, por ejemplo; las actuaciones políticas y las actuaciones bélicas, especialmente en la Guerra Civil española y durante la Segunda Guerra Mundial.

Poco se ha avanzado en el conocimiento de la obra dramática y en el de las obras narrativas. Es necesario discutir y aclarar la significación, por ejemplo, de *Sátiro o el poder de las palabras* y de las breves novelas escritas en colaboración con Hans Arp. Puede decirse incluso que los libros de poemas de la madurez —*Ver y palpar* y *El ciudadano del olvido*— no han sido estudiados. Son libros difíciles, que desconciertan aun a los expertos.

De otra parte, hay ciertos jirones generales importantes que deben ser mejor dilucidados. Pensamos por ejemplo en el sentido del humor de Huidobro. Se da junto a aspectos patéticos, trágicos. ¿Hay algunos que predominan? ¿Con qué sabiduría se entremezclan? ¿Cuáles son los recursos humorísticos propios del autor? En un país de literatura severa, como Chile, esta faceta es de especial relevancia. No dudamos en afirmar que el humor define mejor que otros rasgos a Huidobro dentro de la Vanguardia y dentro de la literatura hispanoamericana. Su estudio, por lo mismo, es particularmente significativo.

Con todo, el autor despierta cada día mayor admiración entre quienes lo leen y estudian. El círculo de éstos se va ampliando en distintos países. Las reediciones y las traducciones se suceden con alguna frecuencia, ninguna antología hispanoamericana ignora su nombre, muchos poetas se inspiran en él, algunas de sus afirmaciones —"el poeta es un pequeño dios", por ejemplo— son un lugar común literario. Rivales implacables, como Pablo Neruda, terminaron por rendirse a la evidencia y le brindaron más de un homenaje. [30]

En fin, Vicente Huidobro, como el Cid legendario, parece ganar batallas después de muerto. Por derecho propio ocupa un lugar privilegiado en el rico Parnaso de la lengua y, si bien probablemente nunca será un poeta de gran popularidad, su vida y su obra continuarán interesando a quienes vibran con la literatura distinta, auténticamente creadora, generadora de palabras nuevas y hermosas.

HUGO MONTES

---

[30] Cf. la revista *La Gaceta de Chile,* dirigida por Neruda. Ver en especial las páginas centrales del número 5, julio de 1956. En *Confieso que he vivido* se muestra bien la doble actitud nerudiana ante Huidobro, rivalidad personal y admiración artística.

NOTICIA BIBLIOGRÁFICA *

LIBROS DE VICENTE HUIDOBRO

Ecos del alma, Santiago, Imprenta de Chile, 1911.
La gruta del silencio, Santiago, Imprenta Universitaria, 1913.
Canciones en la noche, Santiago, Imprenta Chile, 1913.
Pasando y pasando, Santiago, Imprenta Chile, 1914.
Las pagodas ocultas, Santiago, Imprenta Universitaria, 1914.
Adán, Santiago, Imprenta Universitaria, 1916.
El espejo de agua, Buenos Aires, Biblioteca Orión, 1916.
Horizon carré, París, Editions Paul Birault, 1917.
Poemas Árticos, Madrid, Imprenta Pueyo, 1918.
Ecuatorial, Madrid, Imprenta Pueyo, 1918.
Tour Eiffel, Madrid, 1918.
Hallali, Madrid, Ediciones Jesús López, 1918.
Saisons choisies, París, Editions La Cible, 1921.
Finis Britannia, París, Editions Fiat Lux, 1923.
Tout à Coup, París, Editions au Sans Pareil, 1925.
Automme régulier, París, Librairie de France, 1925.
Manifestes, París, Editions de la Revue Mondiale, 1925.
Vientos contrarios, Santiago, Nascimento, 1926.
Mio Cid Campeador, Madrid, Compañía Iberoamericana de Publicaciones, 1929.
Temblor de cielo, Madrid, Ediciones Plutarco, 1931.
Altazor o El viaje en paracaídas, Madrid, Compañía Iberoamericana de Publicaciones, 1931.
Gilles de Raiz, París, Editions Totem, 1932.
La Próxima, Santiago, Ediciones Walton, 1934.

* Se indican sólo las primeras ediciones. Santiago quiere decir Santiago de Chile.

Papá o el diario de Alicia Mir, Santiago, Ediciones Walton, 1934.

Cagliostro, Santiago, Zig-Zag, 1934.

En la luna, Santiago, Ercilla, 1934.

Tres Novelas Ejemplares, Santiago, Zig-Zag, 1935 (en colab con H. Arp).

Sátiro o el poder de las palabras, Santiago, Zig-Zag, 1939.

Ver y palpar, Santiago, Ercilla, 1941.

El ciudadano del olvido, Santiago, Ercilla, 1941.

Últimos poemas, Santiago, Talleres Gráficos Ahués Hnos. 1948.

ANTOLOGÍAS Y OBRAS COMPLETAS

Antología, Santiago, Zig-Zag, 1945, prólogo, selección, traducción y notas por Eduardo Anguita.

Poesía y Prosa. Antología, Madrid, Aguilar, 1957, por Antonio de Undurraga.

Obras poéticas selectas, Santiago, Editorial del Pacífico, 1957, selección y prólogo de Hugo Montes.

Poesía, Frankfurt a.M., Suhrkamp Verlag, 1966, Texte in zwei Sprachen. Herausgegeben von Hans Magnus Enzensberger. Traducción y Epílogo de Fritz Vogelgsang.

Poesía, La Habana, Casa de las Américas, 1968, selección y prólogo de Enrique Lihn.

Cesta padákom, Prelozila a deslov napisala Dubcová, Slovensky spisovatel, 1972.

Antología, Santiago, Editora Nacional Gabriela Mistral, 1975, selección y prólogo de Hugo Montes.

Poemas, Madrid, Santillana, 1976, introducción, selección y notas por Roque Esteban Scarpa.

The Selected Poetry of Vicente Huidobro, New York, New Directions Books, por David M. Guss.

Vicente Huidobro, San José de Costa Rica, Ministerio de Cultura, 1976, prólogo, selección y notas de Mario Céspedes.

Obras completas, Santiago, Zig-Zag, 1964, dos tomos. Prólogo de Braulio Arenas.

Obras completas, Santiago, Editorial Andrés Bello, 1976, dos tomos. Edición y prólogo de Hugo Montes. El tomo II de estas *Obras completas* incluye una insustituible "Guía bibliográfica de la Obra de Vicente Huidobro", por Nicholas Hay, de la Universidad de Oxford.

BIBLIOGRAFÍA SELECTA SOBRE EL AUTOR

Bajarlía, Juan Jacobo, *La polémica Reverdy-Huidobro: Origen del Ultraísmo,* Buenos Aires, Devenir, 1964.

Bary, David, *Huidobro o la vocación poética,* Granada, Universidad de Granada, 1963.

Camureti, Mireya, *Poesía y poética de Vicente Huidobro,* Buenos Aires, García Cambeiro, 1980.

Caracciolo-Trejo, Enrique, *La poesía de Vicente Huidobro y la Vanguardia,* Madrid, Gredos, 1974.

Costa, René de, *En pos de Huidobro,* Santiago, Universitaria, 1980.

——, *Vicente Huidobro y el Creacionismo,* Madrid, Taurus, 1975.

——, *Vicente Huidobro, The careers of a poet,* Oxford, Clarendon Press, 1984.

Goic, Cedomil, *La poesía de Vicente Huidobro,* Santiago, Anales Universidad de Chile, 1984.

Holmes, Henry Alfred, *Vicente Huidobro and Creationism,* Columbia University Press, 1934.

Ogden, Estrella Busto, *El creacionismo de Vicente Huidobro en sus relaciones con la estética cubista,* Madrid, Playor, 1983.

Pizarro, Ana, *Vicente Huidobro, un poeta ambivalente,* Concepción, Universidad de Concepción, 1971.

Szmulewics, Efraín, *Vicente Huidobro, biografía emotiva,* Santiago, Editorial Universitaria, 1979.

Wood, Cecil, *The Creacionismo of Vicente Huidobro,* York Press, Frederickton, 1978.

Yudica, George, *Vicente Huidobro y la motivación del lenguaje,* Buenos Aires, Galerma, 1978.

27

NOTA PREVIA

H E M O S procurado, dentro de las inevitables limitaciones
de toda antología, seleccionar una muestra amplia y repre-
sentativa de la vasta producción literaria de Vicente Huidobro. Nos hemos circunscrito, es cierto, sólo a las obras
en verso, mas incluimos dos textos de teoría estética, ne-
cesarios para aprehender adecuadamente la poesía creacionista. Aparecen poemas escritos a partir de 1912 y nos
extendemos hasta los de publicación póstuma. En ellos
queda a la vista la fidelidad del poeta a su credo artístico.

Recurrimos siempre a las primeras ediciones de los libros del autor, pero consultamos cuando fue necesario la
edición de sus *Obras completas,* que preparamos para la
Editorial Andrés Bello, Santiago, 1976. Los originales franceses se publican en texto bilingüe.

En los textos poéticos de esta Antología hemos conser-
vado la mayúscula inicial de cada verso, aunque la nor-
mativa de Clásicos Castalia es que sólo aparezcan con ma-
yúsculas después de punto. Puesto que Vicente Huidobro
fue exquisitamente cuidadoso en la publicación de sus
obras y, con muy raras excepciones, impuso que cada verso
impreso comenzara con letra mayúscula, nos ha parecido
obligado respetar este aspecto de su condición de poeta.

H. M.

29

ANTOLOGÍA POÉTICA

TRIÁNGULO ARMÓNICO *

Thesa
La bella
Gentil princesa
Es una blanca estrella
Es una estrella japonesa.
Thesa es la más divina flor de Kioto [1]
Y cuando pasa triunfante en su palanquín
Parece un tierno lirio, parece un pálido loto
Arrancado una tarde de estío del imperial jardín.

'odos la adoran como a una diosa, todos hasta el Mikado [2]
Pero ella cruza por entre todos indiferente
De nadie se sabe que haya su amor logrado
Y siempre está risueña, está sonriente.
Es una Ofelia [3] japonesa
Que a las flores amante
Loca y traviesa
Triunfante
Besa.

* "Triángulo armónico" integra junto con los tres poemas que
guen —"Fresco nipón", "Nipona" y "La capilla aldeana"— la
gunda parte del libro Canciones en la noche, 1913. Correspon-
en a los ideogramas o, mejor, caligramas, término derivado del
nocido libro de G. Apollinaire Calligrammes (1913-1916). Se
ata de una organización tipográfica del poema evocadora de lo
ue éste significa. Huidobro desarrollaría esta experiencia en
lle 14, conjunto de poemas expuesto en París, 1922. "Trián-
lo armónico" se publicó por primera vez en el número 1 de la
vista Musa Joven, Santiago, octubre de 1912.
[1] Kioto: antigua residencia imperial y centro de viejas tradi-
ones japonesas.
[2] Mikado: título del emperador del Japón.
[3] Ofelia: amada del príncipe Hamlet, que enloquece y muere
ágicamente.

33

FRESCO NIPÓN *

Cuando al morir el sol dora la nieve del Fusiyama [1]
Los paisajes nipones en mi cerebro copio,
Siento el olor que el crisantem derrama
Los vagos, dulces sueños del opio.
Veo el campo inerme
La pagoda muda
Donde duerme
Budha.
Siento
La voz viva
El dulce lamento
De las cuerdas de la diva.
Como una pálida flor morisca
Envuelta en un raro manto de tisú [2]
Una princesa cruza en su rápido giuriska [3]
Y oigo el canto de un uta [4] melodioso de Azayasú.

* "Fresco nipón" pertenece, junto a "Triángulo armónico"
"Nipona", al apartado "Japonerías" dedicado al escritor guatema
teco Gómez Carrillo (1873-1927). Los tres poemas corresponde
al gusto exótico propio del Modernismo.

[1] *Fusiyama*: Fujiyama. Montaña Santa del Japón, en la isla d
Honshu. Su cima está siempre cubierta de nieve.

[2] *tisú*: tela de oro entretejida con hilos de oro y plata. D
"un gran manto de tisú" habla Rubén Darío en su poema "
Margarita Debayle".

[3] *giuriska*: en el contexto, carrito liviano para conducció
personal.

[4] *uta*: canción o poema japonés.

NIPONA

Ven
Flor rara
De aquel edén
Que llaman Yoshiwara. [1]
Ven muñequita japonesa
Que vagaremos juntos nuestro anhelo
Cabe el maravilloso estanque de turquesa
Bajo un cielo que extienda el palio de onix de su velo,
Deja q u e bese
Tu rostro oblicuo
Que se extremece
Por un i n i c u o
B r u t a l deseo.
Oh! Déjame así
Mientras te veo
Como un biscuit. [2]
Son tus ojos dos gotas ovaladas y enervantes
Es tu rostro amarillo y algo marfileño
Y tienes los encantos lancinantes
De un ficticio y raro ensueño
Mira albas y olorosas
Sobre el plaqué [3]
Las rosas
Té.

[1] *Yoshiwara*: típico sector de Tokio donde había abundantes casas de "geishas" o damas de compañía.
[2] *biscuit*: figurilla, estatuilla de loza o porcelana. Galicismo.
[3] *plaqué*: metal fino, de ordinario chapado de oro o plata.

LA CAPILLA ALDEANA *

Ave
canta
suave.
que tu canto encanta
sobre el campo inerte
sones
vierte
y ora-
ciones [1]
llora
Desde
la cruz santa
el triunfo del sol canta
y bajo el palio azul del cielo
deshoja tus cantares sobre el suelo
Une tus notas a las de la campana
Que ya se despereza ebria de mañana
Evangelizando la gran quietud aldeana.
Es un amanecer en que una bondad brilla
La capilla está ante la paz de la montaña
Como una limosnera está ante una capilla.
Se esparce en el paisaje el aire de una extraña
Santidad, algo bíblico, algo de piel de oveja
Algo como un rocío lleno de bendiciones
Cual si el campo rezara una idílica queja
Llena de sus caricias y de sus emociones.
La capilla es como una viejita acurrucada
Y al pie de la montaña parece un cuento de Hada
Junto a ella como una bandada de mendigos
Se agrupan y se acercan unos cuantos castaños
Que se asoman curiosos por todos los postigos
Con la malevolencia de los viejos huraños.
Y el cuadrito lleno de ambiente y de frescura
En el paisaje alegre con castidad de lino
Pinta un brochazo negro la sotana del cura
Cuando ya la tarde alarga su sombra sobre el camino
Parece que se metiera al fondo de la capilla
Y la luz de la gran lámpara con su brillo mortecino
Pinta en la muralla blanca, como una raya amarilla.
Las tablas viejas roncan, crugen, cuando entra el viento oliendo a rosas
resonga triste en un murmullo el eco santo del rosari
la obscuridad va amalgando y confundiendo así las cosa
y vuela un "Angelus" lloroso con lentitud del campanario

* Poema de título castizo, que contrasta con el exotismo de los tres anteriores.

[1] *y ora/ciones*: encabalgamiento fuerte, con corte de la palabra. El procedimiento tiene antecedentes clásicos, por ejemplo en la "Oda a la vida retirada", de Fray Luis de León.

[2] Obsérvese la extensión extraordinaria de los cuatro últimos versos del poema, necesaria para expresar gráficamente la base de la capilla.

ADÁN ANTE LOS ÁRBOLES *

Hacia los árboles fue luego
y sintió la caricia de su sombra
que era como un descanso sin asiento,
como una fuerza recuperadora.
Los árboles llenos de misterios ocultos
alargaban brazos que ofrecían frutos.

Y comprendió el sentido de los árboles,
quiso también tocarlos
y fueron suaves sus manos,
sus manos rudas, fuertes, ágiles.
Por un instinto secreto y heredado
cogió una fruta y la llevó a los labios.
Y después de comerla
se tendió silencioso en la tierra
y vio que era bueno [1] el árbol
y se sintió lleno de encanto.

---

* "Adán ante los árboles" pertenece al último libro publicado por Huidobro antes de su primer viaje a Europa, *Adán*, 1916. Obsérvese el verso libre y la carencia de rima, innovaciones absolutas en el Chile de entonces. En el prefacio del libro, el autor justificaba su atrevimiento con las siguientes palabras:

"Una vez concebida la idea de mi poema, la primera pregunta que me hice fue sobre el metro en que debía desarrollarlo. Sin vacilar pensé en el verso libre, porque si hay un tema que exija esta nueva forma, ese tema es el mío, por su misma primitividad de vida libre. Por otra parte, yo hubiera deseado hacer muy grande, muy fuerte la creación del poema, y ese mismo deseo de grandeza me pedía mayor libertad, absoluta amplitud."

La experiencia, destinada a recibir una amplísima acogida, resulta dura todavía en el poema antologado. Sobre todo los versos finales nos parecen débiles, con escaso sentido del ritmo y con reiteraciones de valor discutible.

[1] *y vio que era bueno*: la frase reitera afirmaciones del *Génesis*, I, 7, 10, 12, 18, 21, 25, 31.

Volvió a tomar el aire estupefacto,
y a tener el mirar maravillado
y lo invadió una inmensa alegría,
una sensación tan rara
como si todo aquello que en el suelo nacía
se le fuera metiendo en el alma.

De repente cayó una fruta al suelo
y Adán pensó en el fondo del cerebro
¿Por qué cae esto sin cogerlo? [2]
Y vio que su mirada
en medio de las hojas se enredaba.

Y Adán anduvo. Palpó. Miró de cerca
todas las cosas de la tierra
que aun no eran nombradas.
Penetró en las selvas más cerradas,
sintió la milagrosa
canción del viento entre las ramas
y el frotar cadencioso de las hojas.

Escaló los montes,
miró la luz de nuevos horizontes,
cruzó los ríos
y en todos los suelos
abrió los primeros caminos,
abrió los primeros senderos.
¡Y cuando la tierra recorría
acaso sintió en su alma buena
un vago placer de ser guía
de los que aún no eran,
de los que aun tras él no venían!

[2] Evocación de la conocida observación de Newton relaciona-
da con la gravedad terrestre. Huidobro sueña con crear un Adán
científico antes que religioso (Cf. el Prefacio del libro).

Por qué cantáis la rosa, ¡oh, Poetas!
Hacedla florecer en el poema;

Sólo para nosotros
Viven todas las cosas bajo el Sol.

El Poeta es un pequeño Dios. [1]

---

[1] Carece de sentido entender el final de "Arte poética" como expresión de egolatría o de poesía aristocratizante. Ha de ser comprendido en su referencia a la capacidad creadora del poeta, análoga al decir eficaz de Dios. La palabra divina creó las cosas, los animales y al hombre (*Génesis*) y es capaz de curar, resucitar, expulsar demonios, según los Evangelios; así debe ser también, sostiene Huidobro, la palabra poética, nunca sólo ornamental o descriptiva.

EL ESPEJO DE AGUA *

Mi espejo, corriente por las noches,
Se hace arroyo y se aleja de mi cuarto.

Mi espejo, más profundo que el orbe
Donde todos los cisnes se ahogaron. [1]

Es un estanque verde en la muralla
Y en medio duerme tu desnudez anclada.

Sobre sus olas, bajo cielos sonámbulos,
Mis ensueños se alejan como barcos.

De pie en la popa siempre me veréis cantando.
Una rosa secreta se hincha en mi pecho
Y un ruiseñor ebrio aletea en mi dedo.

---

* "El espejo de agua" fue traducido al francés y apareció en
la antología de Huidobro, *Saisons choisies*, 1921, bajo el título
"Le miroir d'eau".
[1] Verso que puede ser leído a la luz del rechazo del Modernismo, uno de cuyos emblemas preferido era precisamente el cisne.
Cf. de Ana María Cúneo, "Análisis de 'El espejo de agua', poema
de Vicente Huidobro", en *Revista Chilena de Literatura*, núm. 8,
abril de 1977.

EL HOMBRE TRISTE *

Lloran voces sobre mi corazón...
No más pensar en nada.
Despierta el recuerdo y el dolor,
Tened cuidado con las puertas mal cerradas.

Las cosas se fatigan.

En la alcoba,
Detrás de la ventana donde el jardín se muere,
Las hojas lloran.

En la chimenea languidece el mundo.

Todo está oscuro,
Nada vive,
Tan sólo en el Ocaso
Brillan los ojos del gato.

Sobre la ruta se alejaba un hombre.

El horizonte habla,
Detrás todo agonizaba.

La madre que murió sin decir nada.
Trabaja en mi garganta.

Tu figura se ilumina al fuego
Y algo quiere salir.
El chorro de agua en el jardín.

* "El hombre triste" apareció traducido al francés en el número 2 de la revista *Nord-Sud,* París, 15 de abril de 1917. Fue in-
corporado luego al libro *Horizon carré,* 1917.

Alguien tose en la otra pieza,
Una voz vieja.

¡Cuán lejos!

Un poco de muerte
Tiembla en los rincones.

NOUVELLE CHANSON *

Pour toi, Manuelita [1]

En dedans de l'Horizon

QUELQU'UN CHANTAIT

Sa voix

N'est pas connue

D'OU VIENT-IL

Parmi les branches
On ne voit personne

La lune même était une oreille

Et on n'entend
aucun bruit

Cependant
une étoile déclouée

Est tombée dans l'étang

L'HORIZON
S'EST FERMÉ

Et il n'y a pas de sortie

* "Nouvelle Chanson" y los cinco poemas que siguen inmedia-
amente —"Automne", "Noir", "Vide", "Paysage" y "Aeropla-
e"— pertenecen al libro *Horizon carré*, 1917. "Horizonte cua-
rado" es expresión que Huidobro considera genuinamente crea-
ionista, ya que sólo puede existir en la palabra del poeta. El
djetivo, aquí no mata, sino da vida. El libro está dedicado "A

CANCIÓN NUEVA

Dentro del horizonte

ALGUIEN CANTABA

Su voz

No es conocida

DE DÓNDE VIENE

Entre las ramas
No se ve a nadie

Hasta la luna era una oreja

Y no se oye
ningún ruido

Sin embargo
una estrella desclavada

Ha caído en el estanque

EL HORIZONTE
SE HA CERRADO

Y no hay salida

Madame Luisa Fernández de Huidobro", madre del autor. La
traducciones de los poemas antologados fueron hechas por Jos
Zañartu.

¹ La Manuelita a la que se dedica el poema es Manuela Po
tales Bello, esposa del poeta.

AUTOMNE

Je garde dans mes yeux
La chaleur de tes larmes
                        Les dernières

Maintenant
                    tu ne pourras pleurer

Jamais plus

        Par les chemins
                        qui ne finissent pas

L'automne vient
Des doigts
                blancs de neige
Arrachent toutes les feuilles

                            Quelle fatigue

        Le vent

                        Le vent

UNE PLUIE D'AILES
                COUVRE LA TERRE

OTOÑO

Guardo en mis ojos
El calor de tus lágrimas
                    Las últimas

Ahora
                    ya no podrás llorar

Nunca más

        Por los caminos
                    interminables

Viene el otoño
Dedos
            blancos de nieve
Arrancan todas las hojas

                    Qué cansancio

        El viento

                    El viento

UNA LLUVIA DE ALAS
                    CUBRE LA TIERRA

NOIR

La chambre sans porte
On sent s'en aller la lumière
Les ombres
            sortent de sous les meubles

Les objets
            qu'on a perdus
                        se rient

Le toit est presque un arbre
Et la lune regarde
                Parmi les branches

LA NATURE MORTE EST UN PAYSAGE

La nuit
La chambre s'inonde

        UN CRI
            PLEIN D'ANGOISSE

                Personne
                    ne m'a répondu

OBSCURIDAD

La pieza sin puerta
Se siente irse la luz
Las sombras
            salen de debajo de los muebles

Los objetos
          que uno ha perdido
                    se ríen

El techo es casi un árbol
Y la luna mira
         Entre las ramas

LA NATURALEZA MUERTA ES UN PAISAJE

De noche
La alcoba se inunda

      UN GRITO
          LLENO DE ANGUSTIA

            Nadie
               me ha respondido

VIDE

A Blaise Cendrars [1]

La chanson qui monte
Est devenue une étoile

> Par dessous la porte
> L'âme de la chambre
> s'était échappée

Maison vide
Le jardin s'ennuie
> Aucun bruit
Aucune lampe ne s'allume
L'arbre est un balai

Il y a quelque temps
> Les murs
Ont écouté de belles paroles
Un soupir avait terni le miroir

La morte qu'on a emportée l'autre jour
Était si jeune et si douce

IL FAIT FROID

Les cheminées sans feu tremblottent
Le plancher craque

LA GLACE
s'ennuie d'attendre

---

[1] Blaise Cendrars, el destinatario de "Vide", fue compañero de
la gran experiencia vanguardista de Huidobro. Vivió entre los
años 1887 y 1961.

VACÍO

La canción que asciende
Se ha transformado en estrella

                    Por debajo de la puerta
                    El alma de la alcoba
                    había huido.

  Casa vacía
El jardín se aburre
                    Ningún ruido
Ninguna lámpara se enciende
El árbol es una escoba

Hace algún tiempo
                    Los muros
Escucharon bellas palabras
Un suspiro había empañado el espejo

La muerta que se llevaron el otro día
Era tan joven y tan suave

                    HACE FRÍO

Las chimeneas sin fuego tiritan
El piso cruje

EL ESPEJO
            se aburre de esperar

PAYSAGE

A Pablo Picasso

SOIR ON SE PROMENERA SUR DES ROUTES PARALLELES

lune
La où regarde
tu te

L'ARBRE
ÉTAIT
PLUS
HAUT
QUE LA
MONTAGNE

LE
FLEUVE
QUI
MAIS LA   COULE
MONTAGNE   NE
ÉTAIT SI LARGE   PORTE
QU'ELLE DÉPASSAIT   PAS
ES EXTREMITÉS   DE
E LA TERRE   POISSONS

ATTENTION A NE PAS
JOUER   SUR   L'HERBE
FRAICHEMENT   PEINTE

E CHANSON CONDUIT LES BREBIS VERS L'ÉTABLE

PAISAJE

AL ATARDECER NOS PASEAREMOS POR RUTAS PARALEL

                                          luna

                              La   donde   mir

                                          te

                        EL ÁRBOL
                          ERA
                          MÁS
                         ALTO
                        QUE LA
                       MONTAÑA

                                    EL
            PERO LA   RÍO
           MONTAÑA   QUE
         ERA TAN ANCHA   CORRE
         QUE EXCEDÍA   NO
        LOS EXTREMOS   LLEVA
        DE LA TIERRA   PECES

                              CUIDADO CO
                              JUGAR EN EL PAST
                              RECIÉN PINTA

UNA CANCIÓN CONDUCE A LAS OVEJAS HACIA EL APRISC

AÉROPLANE

Une croix
　　　　s'est abattue par terre

Un cri brisa les fenêtres
Et on se penche
　　　　　　sur le dernier aéroplane

Le vent
　　　qui avait nettoyé l'air
A naufragé dans les premières vagues
La poussée
　　　　persiste encore
　　　　　　　　sur les nuages

Et le tambour
　　　　　appelle quelqu'un
Que personne ne connait
Des mots
　　　derrière les arbres
La lanterne qu'on agitait
　　　　　　　　　était un drapeau
Il éclaire autant que le soleil
Mais les cris qui enfoncent les toits
　　　　　　　　ne sont pas de révolte

Malgré les murs qui ensevelissent

LA CROIX DU SUD

Est le seul avion
　　　　qui subsiste

AEROPLANO

Una cruz
       se ha venido al suelo

Un grito quebró las ventanas
Y todos se inclinan
          sobre el último aeroplano

El viento
       que había limpiado el aire
Naufragó en las primeras olas
La vibración
            persiste aun
      sobre las nubes

Y el tambor
      llama a alguien
Que nadie conoce
Palabras
     tras los árboles
La linterna que alguien agitaba
              era una bandera
Alumbra tanto como el sol
Pero los gritos que atraviesan los techos
          no son de rebeld

A pesar de los muros que sepultan

    LA CRUZ DEL SUR

Es el único avión
      que subsiste

TOUR EIFFEL *

Tour Eiffel
Guitare du ciel

      Ta télégraphie sans fil
      Attire les mots
      Comme un rosier les abeilles

Pendant la nuit
La Seine ne coule plus

      Télescope ou clairon

      TOUR EIFFEL

Et c'est une ruche de mots
Ou un encrier de miel

Au fond de l'aube
Une araignée aux pattes en fil de fer
Faisait sa toile de nuages

      Mon petit garçon
      Pour monter à la Tour Eiffel
      On monte sur une chanson

Do
  ré
    mi
      fa

* Reproducimos íntegramente "Tour Eiffel", poema que se pu-
có por primera vez en la Imprenta Pueyo de Madrid, 1918, en
ma de libro objeto, con portada de Robert Delaunay, pintor
cual la obra está dedicada.

TORRE DE EIFFEL

Torre de Eiffel
Guitarra del cielo

>   Tu telegrafía sin hilos
>   Atrae las palabras
>   Como un rosal a las abejas

Durante la noche
El Sena deja de correr

>   Telescopio o clarín

TORRE DE EIFFEL

Y es una colmena de palabras
O un tintero de miel

Al fondo del alba
Una araña de patas de alambre
Tejía su tela de nubes

>   Hijo mío
>   Para subir a la Torre de Eiffel
>   Se sube por una canción

Do
  re
     mi
        fa

sol
  la
    si
      do

Nous sommes en haut

Un oiseau chante   C'est le vent
Dans les antennes   De l'Europe
Télégraphiques   Le vent électrique

Là-bas

Les chapeaux s'envolent
Ils ont des ailes mais ils ne chantent pas

Jacqueline
          Fille de France
Qu'est-ce que tu vois là-haut

La Seine dort
Sous l'ombre de ses ponts

Je vois tourner la Terre
Et je sonne mon clairon
Vers toutes les mers

    Sur le chemin
    De ton parfum
    Toutes les abeilles et les paroles s'en vont

    Sur les quatre horizons
ui n'a pas entendu cette chanson

SUIS LA REINE DE L'AUBE DES POLES
SUIS LA ROSE DES VENTS QUI SE FANE TOUS LES AUTOMNES
T TOUTE PLEINE DE NEIGE
MEURS DE LA MORT DE CETTE ROSE
ANS MA TÊTE UN OISEAU CHANTE TOUTE L'ANNÉE

       sol
        la
          si
            do

Ya estamos arriba

Un pájaro canta   Es el viento
En las antenas   De Europa
Telegráficas   El viento eléctrico

    Allá lejos

Los sombreros vuelan
Tienen alas pero no cantan

Jacqueline
       Hija de Francia
¿Qué ves allá arriba?

El Sena duerme
Bajo la sombra de sus puentes

Veo girar la Tierra
Y toco mi clarín
Hacia todos los mares

     Por la senda
     De tu perfume
     Todas las abejas y las palabras se alejan

     En los cuatro horizontes
Quién no ha oído esta canción

SOY LA REINA DEL ALBA DE LOS POLOS
SOY LA ROSA DE LOS VIENTOS QUE SE AGOSTA EN CA'
                             [OTO
Y CUBIERTA DE NIEVE
MUERO DE LA MUERTE DE ESTA ROSA
EN MI CABEZA UN PÁJARO CANTA EL AÑO ENTERO

C'est comme ça qu'un jour la Tour m'a parlé

Tour Eiffel
Volière du monde

       Chante   Chante

Sonnerie de Paris

Le géant pendu au milieu du vide
Est l'affiche de France

         Le jour de la Victoire
         Tu la raconteras aux étoiles

De este modo la Torre me habló un día

Torre de Eiffel
Pajarera del mundo

      Canta   Canta

Carillón de París

El gigante colgado en medio del vacío
Es el afiche de Francia

        El día de la Victoria
        Se la contarás a las estrellas

HALLALI *

1914

Nuages sur le jet d'eau d'été
    La nuit
    Toutes les tours de l'Europe se parlaient
                          [en secret

Tout d'un coup un oeil s'ouvre
La corne de la lune crie

Hallali   Hallali
Les tours sont des clairons pendus

AOÛT 1914
       C'est la vendange des frontières

Derrière l'horizon il se passe quelque chose

  Au gibet de l'Aurore toutes les villes sont pendues

  Les villes qui fument comme des pipes

Hallali   Hallali
Et ce n'est pas une chanson
                   Les hommes s'en vont

---

* *Hallali, poème de guerre* es, por su formato, un libro análogo
a *Tour Eiffel*. Apareció en Madrid, 1918, edición de Jesús López.
  Además de los dos textos antologados, el libro consta de los
poemas "Les villes", "Le cimetière des soldats" y "Le jour de la
Victoire". Corresponde por su temática bélica a la misma actitud
positiva mostrada por Apollinaire, Marinetti y otros vanguardistas hacia la guerra.

HALALÍ *

1914

Nubes sobre el surtidor de verano
    De noche
            Todas las torres de Europa se hablaban
                          [en secreto

De pronto un ojo se abre
El cuerno de la luna grita

Halalí   Halalí
Las torres son clarines colgados

AGOSTO DE 1914
           Es la vendimia de las fronteras

Tras el horizonte algo ocurre

        En la horca de la aurora son colgadas todas las
                            [ciudades
        Las ciudades que humean como pipas

Halalí   Halalí
Pero esta no es una canción
                  Los hombres se alejan

LA TRANCHÉE

Sur le canon
Un rossignol chantait
              J'ai perdu mon violon

La tranchée
Fait le tour de la Terre

       Quel froid
             Tous les pères habillés en soldats

On siffle derrière sa prope vie

CRAONNE   **VERDUN**   **ALSACE**

          C'est une belle cible la lune

L'ombre d'un soldat
Était tombée dans un trou

        On voit par terre sanglant
        L'aviateur qui se cogna la tête contre une
                      [étoile éteinte

Et mieux qu'un chien
Le canon surveille

            Quelques fois
            Il aboie
                    LA LUNE

Toutes les étoiles sont des trous d'obus

LA TRINCHERA

Sobre el cañón
Cantaba un ruiseñor
                    He perdido mi violín

La trinchera
Circunda la Tierra

                Qué frío
                Todos los padres vestidos de soldados

Uno silba tras su propia vida

CRAONA   VERDUN   ALSACIA

            Hermoso blanco es la luna

La sombra de un soldado
Yacía en un agujero

                Puede verse en el suelo ensangrentado
                Al aviador que se golpeó la cabeza contra
                                    [una estrella apagada

Y mejor que un perro
El cañón vigila

                A veces
                ladra

                                    A LA LUNA

Todas las estrellas son agujeros de obuses

De ECUATORIAL *

Era el tiempo en que se abrieron mis párpados sin alas
Y empecé a cantar sobre las lejanías desatadas

Saliendo de sus nidos
                    Atruenan el aire las banderas

LOS HOMBRES
                    ENTRE LA YERBA
                                        BUSCABAN LAS FRONTERAS

Sobre el campo banal
                    el mundo muere
De las cabezas prematuras
                        brotan alas ardientes
Y en la trinchera ecuatorial
                            trizada a trechos
Bajo la sombra de aeroplanos vivos
Los soldados cantaban en las tardes duras

Las ciudades de Europa
                    Se apagan una a una

Caminando al destierro
El último rey portaba al cuello
Una cadena de lámparas extintas

            Las estrellas
                    que caían
            Eran luciérnagas del musgo

* Es difícil antologar versos de *Ecuatorial,* 1918, poema exten-
so dedicado a Picasso. El libro ha sido objeto de un valioso estudio escrito por el poeta chileno Oscar Hahn, en el prólogo a la
edición de Nascimento, Santiago, 1978.

Y los afiches ahorcados
                    pendían a lo largo de los muros

Una sombra rodó sobre la falda de los montes
Donde el viejo organista hace cantar las selvas

            El viento mece los horizontes
            Colgados de las jarcias y las velas

Sobre el arco-iris
                Un pájaro cantaba

            Abridme la montaña

Por todas partes en el suelo
He visto alas de golondrinas
Y el Cristo que alzó el vuelo
Dejó olvidada la corona de espinas

            Sentados sobre el paralelo
            Miremos nuestro tiempo

SIGLO ENCADENADO EN UN ÁNGULO DEL MUNDO

En los espejos corrientes
Pasan las barcas bajo los puentes
y los ángeles-correo
            Reposan en el humo de los dreadnought

Entre la hierba
                silba la locomotora en celo
Que atravesó el invierno

Las dos cuerdas de su rastro
Tras ella quedan cantando
Como una guitarra indócil

Su ojo desnudo
                Cigarro del horizonte
                                Danza entre los árboles

Ella es el Diógenes con la pipa encendida
Buscando entre los meses y los días

Sobre el sendero equinoccial
Empecé a caminar

Cada estrella
                Es un obús que estalla

Las plumas de mi garganta
Se entibiaron al sol
                que perdió un ala

El divino aeroplano
Traía un ramo de olivo entre las manos
Sin embargo
                Los ocasos heridos se desangran
Y en el puerto los días que se alejan
Llevaban una cruz en el sitio del ancla

Cantando nos sentamos en las playas

EXPRÉS *

Una corona yo me haría
De todas las ciudades recorridas

| Londres | Madrid | París |
| Roma | Nápoles | Zurich |

Silban en los llanos
                 locomotoras cubiertas de algas

       AQUÍ NADIE HE ENCONTRADO

De todos los ríos navegados
Yo me haría un collar

| El Amazonas | El Sena |
| El Támesis | El Rhin |

Cien embarcaciones sabias
Que han plegado las alas

           Y mi canción de marinero huérfano
           Diciendo adiós a las playas

Aspirar el aroma del Monte Rosa
Trenzar las canas errantes del Monte Blanco
Y sobre el Zenit del Monte Cenis

---

  * Desde "Exprés" hasta "Primavera", los poemas antologados
pertenecen al libro *Poemas Árticos*, 1918, uno de los más logrados
del autor.
  En "Exprés" obsérvese el gusto por las grandes ciudades y los
grandes ríos. Huidobro es poeta más urbano que rural. Lejos,
como escritor de gusto antagónico, queda un Azorín, tan recono-
cedor del paisaje, de los pueblos pequeños y de los nombres de
poca relevancia mundana.

Encender en el sol muriente
El último cigarro

Un silbido horada el aire

        No es un juego de agua

                ADELANTE

Apeninos gibosos
         Marchan hacia el desierto

Las estrellas del oasis
Nos darán miel de sus dátiles

En la montaña
El viento hace crujir las jarcias
Y todos los montes dominados
Los volcanes bien cargados
Levarán el ancla

           ALLÁ ME ESPERARÁN

Buen viaje

Un poco más lejos
Termina la Tierra

Pasan los ríos bajo las barcas

      HASTA MAÑANA

      La vida ha de pasar

NOCHE

Sobre la nieve se oye resbalar la noche

La canción caía de los árboles
Y tras la niebla daban voces

De una mirada encendí mi cigarro

Cada vez que abro los labios
Inundo de nubes el vacío

                              En el puerto
Los mástiles están llenos de nidos

Y el viento
            gime entre las alas de los pájaros

LAS OLAS MECEN EL NAVÍO MUERTO

Yo en la orilla silbando
            Miro la estrella que humea entre mis dedos

NIÑO *

Aquella casa
                    Sentada en el tiempo
Sobre las nubes
                        que alejaba el viento
Iba un pájaro muerto

Caen sus plumas sobre el otoño

Un niño sin alas   El balandro resbala
Mira en la ventana   Y bajo la sombra de los mástiles
                              Los peces temen trizar el agua

Se olvidó el nombre de la madre

Tras la puerta que bate
                              como una bandera
El techo está agujereado de estrellas

                    El abuelo duerme

Cae de su barba
                    Un poco de nieve

* "Niño", poema muy perfecto en su expresión del paso dañi-
no del tiempo, ha sido comentado en nuestra "Nota sobre un
poema de Huidobro", *Romance Notes*, Chapel Hill, XI, 2, invierno de 1969.

ÉGLOGA *

Sol muriente

Hay una panne en el motor [1]

Y un olor primaveral
Deja en el aire al pasar

En algún sitio
una canción

EN DÓNDE ESTÁS

Una tarde como ésta
Te busqué en vano

Sobre la niebla de todos los caminos
Me encontraba a mí mismo

Y en el humo de mi cigarro
Había un pájaro perdido

Nadie respondía

Los últimos pastores se ahogaron

---

* "Égloga", de título tradicional, admite diversas lecturas, desde una profana hasta una religiosa y hasta mística. "Cántico espi-
ritual" de San Juan de la Cruz, poeta admirado por Huidobro,
parece estar detrás de esta búsqueda ansiosa y, en este caso, in-
fructuosa del ser amado.

[1] Huidobro usa con alguna frecuencia voces extranjeras en su
poesía como en este verso la palabra francesa *panne* (falla mecánica). Internacional, cosmopolita, criticó duramente cualquiera
forma de nacionalismo estrecho y cerrado. Cf., por ejemplo, su
artículo "América para la Humanidad. Internacionalismo y no
Americanismo", en *Obras Completas*, II, 879-881.

Y los corderos equivocados
Comían flores y no daban miel

El viento que pasaba
Amontona sus lanas

                    Entre las nubes
                    Mojadas de mis lágrimas

A qué otra vez llorar
                    lo ya llorado

Y pues que las ovejas comen flores
Señal que ya has pasado

HIJO

Las ventanas cerradas
                    Y algunas decoraciones deshojadas

        La noche viene de los ojos ajenos

Al fondo de los años
Un ruiseñor cantaba en vano

La luna viva
Blanca de la nieve que caía

Y sobre los recuerdos
                    Una luz que agoniza entre los dedos

MAÑANA PRIMAVERA

Silencio familiar
                Bajo las bujías florecidas

Una canción
            asciende sobre el humo

Y tú
        Hijo
                hermoso como un dios desnudo

Los arroyos que van lejos
Todo lo han visto los arroyos huérfanos

                Un día tendrás recuerdos

Dadora de infinito
Que pasea en el bosque de los sueños

Heme aquí perdido entre mares desiertos
Solo como la pluma que se cae de un pájaro en la noche
Heme aquí en una torre de frío
Abrigado del recuerdo de tus labios marítimos
Del recuerdo de tus complacencias y de tu cabellera
Luminosa y desatada como los ríos de montaña
¿Irías a ser ciega que Dios te dio esas manos?
Te pregunto otra vez [1]

El arco de tus cejas tendido para las armas de los ojos
En la ofensiva alada vencedora segura con orgullos de flor
Te hablan por mí las piedras aporreadas
Te hablan por mí las olas de pájaros sin cielo
Te habla por mí el color de los paisajes sin viento
Te habla por mí el rebaño de ovejas taciturnas
Dormido en tu memoria
Te habla por mí el arroyo descubierto
La yerba sobreviviente atada a la aventura
Aventura de luz y sangre de horizonte
Sin más abrigo que una flor que se apaga
Si hay un poco de viento

Las llanuras se pierden bajo tu gracia frágil
Se pierde el mundo bajo tu andar visible
Pues todo es artificio cuando tú te presentas
Con tu luz peligrosa
Inocente armonía sin fatiga ni olvido
Elemento de lágrima que rueda hacia adentro
Construido de miedo altivo y de silencio.

Haces dudar al tiempo
Y al cielo con instintos de infinito

---

[1] El "Te pregunto otra vez" tiene una explicación externa: el poeta había formulado idéntica pregunta a su amada en el libro *Las pagodas ocultas* (Cf. *Obras Completas*, I, 149).

Lejos de ti todo es mortal
Lanzas la agonía por la tierra humillada de noches
Sólo lo que piensa en ti tiene sabor a eternidad

He aquí tu estrella que pasa
Con tu respiración de fatigas lejanas
Con tus gestos y tu modo de andar
Con el espacio magnetizado que te saluda
Que nos separa con leguas de noche

Sin embargo te advierto que estamos cosidos
A la misma estrella
Estamos cosidos por la misma música tendida
De uno a otro
Por la misma sombra gigante agitada como árbol
Seamos ese pedazo de cielo
Ese trozo en que pasa la aventura misteriosa
La aventura del planeta que estalla en pétalos de sueño

En vano tratarías de evadirte de mi voz
Y de saltar los muros de mis alabanzas
Estamos cosidos por la misma estrella
Estás atada al ruiseñor de las lunas
Que tiene un ritual sagrado en la garganta

Qué me importan los signos de la noche
Y la raíz y el eco funerario que tengan en mi pecho
Qué me importa el enigma luminoso
Los emblemas que alumbran el azar
Y esas islas que viajan por el caos sin destino a mis ojos
Qué me importa ese miedo de flor en el vacío
Qué me importa el nombre de la nada
El nombre del desierto infinito
O de la voluntad o del azar que representan
Y si en ese desierto cada estrella es un deseo de oasis
O banderas de presagio y de muerte

Tengo una atmósfera propia en tu aliento
La fabulosa seguridad de tu mirada con sus constelaciones
íntimas

Con su propio lenguaje de semilla
Tu frente luminosa como un anillo de Dios
Más firme que todo en la flora del cielo
Sin torbellinos de universo que se encabrita
Como un caballo a causa de su sombra en el aire

Te pregunto otra vez
¿Irías a ser muda que Dios te dio esos ojos?

Tengo esa voz tuya para toda defensa
Esa voz que sale de ti en latidos de corazón
Esa voz en que cae la eternidad
Y se rompe en pedazos de esferas fosforescentes
¿Qué sería la vida si no hubieras nacido?
Un cometa sin manto muriéndose de frío

Te hallé como una lágrima en un libro olvidado
Con tu nombre sensible desde antes en mi pecho
Tu nombre hecho del ruido de palomas que se vuelan
Traes en ti el recuerdo de otras vidas más altas
De un Dios encontrado en alguna parte
Y al fondo de ti misma recuerdas que eras tú
El pájaro de antaño en la clave del poeta

Sueño en un sueño sumergido
La cabellera que se ata hace el día
La cabellera al desatarse hace la noche
La vida se contempla en el olvido
Sólo viven tus ojos en el mundo
El único sistema planetario sin fatiga
Serena piel anclada en las alturas
Ajena a toda red y estratagema
En su fuerza de luz ensimismada
Detrás de ti la vida siente miedo
Porque eres la profundidad de toda cosa
El mundo deviene majestuoso cuando pasas
Se oyen caer lágrimas del cielo
Y borras en el alma adormecida

La amargura de ser vivo
Se hace liviano el orbe en las espaldas

Mi alegría es oír el ruido del viento en tus cabellos
(Reconozco ese ruido desde lejos)
Cuando las barcas zozobran y el río arrastra troncos de
[árbol
Eres una lámpara de carne en la tormenta
Con los cabellos a todo viento
Tus cabellos donde el sol va a buscar sus mejores sueños
Mi alegría es mirarte solitaria en el diván del mundo
Como la mano de una princesa soñolienta
Con tus ojos que evocan un piano de olores
Una bebida de paroxismos
Una flor que está dejando de perfumar
Tus ojos hipnotizan la soledad
Como la rueda que sigue girando después de la catástrofe

Mi alegría es mirarte cuando escuchas
Ese rayo de luz que camina hacia el fondo del agua
Y te quedas suspensa largo rato
Tantas estrellas pasadas por el harnero del mar
Nada tiene entonces semejante emoción
Ni un mástil pidiendo viento
Ni un aeroplano ciego palpando el infinito
Ni la paloma demacrada dormida sobre un lamento
Ni el arco-iris con las alas selladas
Más bello que la parábola de un verso
La parábola tendida en puente nocturno de alma a alma

Nacida en todos los sitios donde pongo los ojos
Con la cabeza levantada
Y todo el cabello al viento
Eres más hermosa que el relincho de un potro en la
[montaña
Que la sirena de un barco que deja escapar toda su alma
Que un faro en la neblina buscando a quien salvar
Eres más hermosa que la golondrina atravesada por el
[viento

Eres el ruido del mar en verano
Eres el ruido de una calle populosa llena de admiración

Mi gloria está en tus ojos
Vestida del lujo de tus ojos y de su brillo interno
Estoy sentado en el rincón más sensible de tu mirada
Bajo el silencio estático de inmóviles pestañas.
Viene saliendo un augurio del fondo de tus ojos
Y un viento de océano ondula tus pupilas

Nada se compara a esa leyenda de semillas que deja tu
presencia
A esa voz que busca un astro muerto que volver a la vida
Tu voz hace un imperio en el espacio
Y esa mano que se levanta en ti como si fuera a colgar
[soles en el aire
Y ese mirar que escribe mundos en el infinito
Y esa cabeza que se dobla para escuchar un murmullo
[en la eternidad
Y ese pie que es la fiesta de los caminos encadenados
Y esos párpados donde vienen a vararse las centellas del
[éter
Y ese beso que hincha la proa de tus labios
Y esa sonrisa como un estandarte al frente de tu vida
Y ese secreto que dirige las mareas de tu pecho
Dormido a la sombra de tus senos

Si tú murieras
Las estrellas a pesar de su lámpara encendida
Perderían el camino
¿Qué sería del universo?

VAGABUNDAJE DE LOS RÍOS *

VII

Vagabundaje de los ríos
Qué envidia me dais en todo tiempo
Un caso de fuerza mayor
Impide a las olas rodar
Es triste para los ahogados
Que no lo supieron en su noche idolatrada

El Rin es un turista
Visitante de viejos castillos
Gira gira tu agua cinematográfica
Mojada de miradas tan bellas que se hacen oír como voces
Gira gira tu Loreley [1] en su canción hipnotizada

El ruiseñor está amarrado por sus cantos
Al árbol de su gusto exquisito
Mientras dice sus amarguras de noche

Tu sonrisa marítima y templada
Abre la puerta
A las libélulas de tu dulzura íntima
A tus voces de Rin hipnotizado y Loreley

---

* "Vagabundaje de los ríos" es el verso inicial del fragmento VII del poema "Hasta luego", con el que se inicia el libro *Ver y palpar,* de 1941. El poema concluye en el fragmento VIII, publicado también en nuestra antología. Al mismo libro pertenecen los poemas "Miradas y recuerdos", "Fuerzas naturales" y "Ella", este último bastante conocido por haber sido incluido en diversas selecciones de poemas huidobrianos.

[1] Loreley encantaba a los viajeros por el Rin, impidiéndoles continuar sus aventuras.

EN UN SE DIRÍA TAL VEZ...

VIII

En un se diría tal vez
En estatua de silencio ofrecida a sus cielos
En largos fríos que bajan por el horizonte
En piedra de olvidos
Que se me cae encima y se evapora
Como paisaje de cisnes instantáneos

Letanías que atan el tiempo a ciertos árboles
Y a los senos de la primera víctima
Ventana de olores marinos
Así en caída de ojos y manos
Así en tradición de castillos angustiados
Y ríos devorados por la noche
Así

MIRADAS Y RECUERDOS

El mar que los suspiros de los viajeros agita
Corre tras de sus olas barridas por el viento
El infinito busca una gaviota
Para tener un punto de apoyo lógico y blando

Cómo haremos
El cielo se suena con las alas que ama
Mientras yo busco al pie de mi poema
Una estrella que cruje
Como la rueda de un coche que se lleva los últimos
[recuerdos

Nada será encontrado
El pozo de las cosas perdidas no se llena jamás
Jamás como la mirada y los ecos
Que se alejan sobre la bruma y sus animales inmensos

FUERZAS NATURALES

Una mirada
            para abatir al albatros
Dos miradas
            para detener el paisaje
            al borde del río
Tres miradas
            para cambiar la niña en
            volantín
Cuatro miradas
            para sujetar el tren que
            cae en el abismo

ELLA

Ella daba dos pasos hacia adelante
Daba dos pasos hacia atrás
El primer paso decía buenos días señor
El segundo paso decía buenos días señora
Y los otros decían cómo está la familia
Hoy es un día hermoso como una paloma en el cielo

Ella llevaba una camisa ardiente
Ella tenía ojos de adormecedora de mares
Ella había escondido un sueño en un armario oscuro
Ella había encontrado un muerto en medio de su cabeza
Cuando ella llegaba dejaba una parte más hermosa muy
                                                    [lejos
Cuando ella se iba algo se formaba en el horizonte para
esperarla
Sus miradas estaban heridas y sangraban sobre la colina
Tenía los senos abiertos y cantaba las tinieblas de su edad
Era hermosa como un cielo bajo una paloma

Tenía una boca de acero
y una bandera mortal dibujada entre los labios
Reía como el mar que siente carbones en su vientre
Como el mar cuando la luna se mira ahogarse
Como el mar que ha mordido todas las playas
El mar que desborda y cae en el vacío en los tiempos de
abundancia
Cuando las estrellas arrullan sobre nuestras cabezas
Antes que el viento norte abra sus ojos
Era hermosa en sus horizontes de huesos
Con su camisa ardiente y sus miradas de árbol fatigado
Como el cielo a caballo sobre las palomas

BALADA DE LO QUE NO VUELVE *

Venía hacia mí por la sonrisa
Por el camino de su gracia
Y cambiaba las horas del día
El cielo de la noche se convertía en el cielo del amanecer
El mar era un árbol frondoso lleno de pájaros
Las flores daban campanadas de alegría
Y mi corazón se ponía a perfumar enloquecido

Van andando los días a lo largo del año
¿En dónde estás?
Me crece la mirada
Se me alargan las manos
En vano la soledad abre sus puertas
Y el silencio se llena de tus pasos de antaño.
Me crece el corazón
Se me alargan los ojos
Y quisiera pedir otros ojos
Para ponerlos allí donde terminan los míos
¿En dónde estás ahora?
Qué sitio del mundo se está haciendo tibio con tu presencia
Me crece el corazón como una esponja
O como esos corales que van a formar islas.
Es inútil mirar los astros
O interrogar las piedras encanecidas
Es inútil mirar ese árbol que te dijo adiós el último
Y te saludará el primero a tu regreso
Eres substancia de lejanía
Y no hay remedio
Andan los días en tu busca
A qué seguir por todas partes la huella de sus pasos
El tiempo canta dulcemente

* "Balada de lo que no vuelve" y el poema siguiente, "Venida al tiempo", pertenecen al libro *El ciudadano del olvido,* 1941.

Mientras la herida cierra los párpados para dormirse.
Me crece el corazón
Hasta romper sus horizontes
Hasta saltar por encima de los árboles
Y estrellarse en el cielo.
La noche sabe qué corazón tiene más amargura

Sigo las flores y me pierdo en el tiempo
De soledad en soledad
Sigo las olas y me pierdo en la noche
De soledad en soledad
Tú has escondido la luz en alguna parte
¿En dónde?, ¿en dónde?
Andan los días en tu busca
Los días llagados coronados de espinas
Se caen se levantan
Y van goteando sangre.
Te buscan los caminos de la tierra
De soledad en soledad
Me crece terriblemente el corazón
Nada vuelve
Todo es otra cosa
Nada vuelve nada vuelve
Se van las flores y las hierbas
El perfume apenas llega como una campanada de otra
                                    [provincia
Vienen otras miradas y otras voces
Viene otra agua en el río
Vienen otras hojas de repente en el bosque
Todo es otra cosa
Nada vuelve
Se fueron los caminos
Se fueron los minutos y las horas
Se alejó el río para siempre
Como los cometas que tanto admiramos

Desbordará mi corazón sobre la tierra
Y el universo será mi corazón

VENIDA AL TIEMPO

Nacía un árbol en la tierra
El cielo decía palabras dulces al molino
Un rebaño pasaba y era el polvo de otros mundos
Salud amiga tierra desde tus cumbres derrochando ríos

El cielo hablaba en los oídos
El molino festejaba con sus manos alegres
Porque el mar no perdía un minuto
Y el sol abría la vida con destreza

Nacía un árbol en la tierra
Y la tierra nacía en un árbol
Prodigio en cicatriz a favor del pasado
Pastor cuida tus células
Vienen las lluvias vienen los lobos sollozando vientos
Cuida tu sangre entre sus matorrales
Saluda al aire grande.
Un perfume salta de su color para darse a la niña

Nacía un árbol en la tierra
Cuántos fluidos recorren los espacios
Cuánto rumor en los países
Cuántas yerbas y plumas y tibiezas para atraer los
                                                    [horizontes
Cuánta soltura en nuestras venas
Y esos andares a la sombra
(Esto y aquello en el cantar de la intemperie)

Vamos andando por diez mil caminos
Entre olores que se desatan

Suspendidos en su azúcar o·cayendo de sus ángeles
Vamos andando llenos de palabras
Y de silencios al revés del alma

Pasando entre colores como cuerpos lavados
Delirantes como aquellos que quieren ser inmortales

Nacía un árbol en la tierra
Se comentaba el calor y el heroísmo
Niña de leyendas empezadas
Como el traje de novia en lontananza

EL PASO DEL RETORNO *

> A Raquel que me dijo
> un día cuando tú te
> alejas un solo instante,
> el tiempo y yo lloramos. [1]

Yo soy ese que salió hace un año de su tierra
Buscando lejanías de vida y muerte
Su propio corazón y el corazón del mundo
Cuando el viento silbaba entrañas
En un crepúsculo gigante y sin recuerdos

Guiado por mi estrella
Con el pecho vacío
Y los ojos clavados en la altura
Salí hacia mi destino

Oh mis buenos amigos
¿Me habéis reconocido?
He vivido una vida que no puede vivirse
Pero tú Poesía no me has abandonado un solo instante

Oh mis amigos aquí estoy
Vosotros sabéis acaso lo que yo era
Pero nadie sabe lo que soy
El viento me hizo viento
La sombra me hizo sombra
El horizonte me hizo horizonte preparado a todo

* "El paso del retorno" fue incluido por Manuela Huidobro,
hija del poeta, en el libro *Últimos poemas*, publicado en 1948,
meses después del fallecimiento del autor. Apareció en el núm. 3
de la revista juvenil *Amargo*, de diciembre de 1946. Meses antes,
el autor lo había leído por Radio Montevideo. Tiene un claro
sabor autobiográfico.

[1] La dedicatoria, a Raquel Señoret, fue dictada personalmente
por Huidobro al autor de esta Antología para que apareciera con
el poema en la revista *Amargo*.

La tarde me hizo tarde
Y el alba me hizo alba para cantar de nuevo

Oh poeta esos tremendos ojos
Ese andar de alma de acero y de bondad de mármol
Este es aquel que llegó al final del último camino
Y que vuelve quizás con otro paso
Hago al andar el ruido de la muerte
Y si mis ojos os dicen
Cuánta vida he vivido y cuánta muerte he muerto
Ellos podrían también deciros
Cuánta vida he muerto y cuánta muerte he vivido

¡Oh mis fantasmas! ¡Oh mis queridos espectros!
La noche ha dejado noche en mis cabellos
¿En dónde estuve? ¿Por dónde he andado?
¿Pero era ausencia aquélla o era mayor presencia?

Cuando las piedras oyen mi paso
Sienten una ternura que les ensancha el alma
Se hacen señas furtivas y hablan bajo:
Allí se acerca el buen amigo
El hombre de las distancias
Que viene fatigado de tanta muerte al hombro
De tanta vida en el pecho
Y busca donde pasar la noche

Heme aquí ante vuestros limpios ojos
Heme aquí vestido de lejanías
Atrás quedaron los negros nubarrones
Los años de tinieblas en el antro olvidado
Traigo un alma lavada por el fuego
Vosotros me llamáis sin saber a quién llamáis
Traigo un cristal sin sombra un corazón que no decae
La imagen de la nada y un rostro que sonríe
Traigo un amor muy parecido al universo
La Poesía me despejó el camino
Ya no hay banalidades en mi vida
¿Quién guió mis pasos de modo tan certero?

Mis ojos dicen a aquellos que cayeron
Disparad contra mí vuestros dardos
Vengad en mí vuestras angustias
Vengad en mí vuestros fracasos
Yo soy invulnerable
He tomado mi sitio en el cielo como el silencio

Los siglos de la tierra me caen en los brazos
Yo soy amigos el viajero sin fin
Las alas de la enorme aventura
Batían entre inviernos y veranos
Mirad cómo suben estrellas en mi alma
Desde que he expulsado las serpientes del tiempo
[oscurecido

¿Cómo podremos entendernos?
Heme aquí de regreso de donde no se vuelve
Compasión de las olas y piedad de los astros
¡Cuánto tiempo perdido! Este es el hombre de las lejanías
El que daba vuelta las páginas de los muertos
Sin tiempo sin espacio sin corazón sin sangre
El que andaba de un lado para otro
Desesperado y solo en las tinieblas
Solo en el vacío
Como un perro que ladra hacia el fondo de un abismo

¡Oh vosotros! ¡Oh mis buenos amigos!
Los que habéis tocado mis manos
¿Qué habéis tocado?
Y vosotros que habéis escuchado mi voz
¿Qué habéis escuchado?
Y los que habéis contemplado mis ojos
¿Qué habéis contemplado?

Lo he perdido todo y todo lo he ganado
Y ni siquiera pido
La parte de la vida que me corresponde
Ni montañas de fuego ni mares cultivados
Es tanto más lo que he ganado que lo que he perdido

Así es el viaje al fin del mundo
Y ésta es la corona de sangre de la gran experiencia
La corona regalo de mi estrella
¿En dónde estuve en dónde estoy?

Los árboles lloran un pájaro canta inconsolable
Decid ¿quién es el muerto?
El viento me solloza
¡Qué inquietudes me has dado!
Algunas flores exclaman
¿Estás vivo aún?
¿Quién es el muerto entonces?
Las aguas gimen tristemente
¿Quién ha muerto en estas tierras?
Ahora sé lo que soy y lo que cra
Conozco la distancia que va del hombre a la verdad
Conozco la palabra que aman los muertos
Este es el que ha llorado el mundo el que ha llorad
[resplandore

Las lágrimas se hinchan se dilatan
Y empiezan a girar sobre su eje
Heme aquí ante vosotros
Cómo podremos entendernos Cómo saber lo que decimo
Hay tantos muertos que me llaman
Allí donde la tierra pierde su ruido
Allí donde me esperan mis queridos fantasmas
Mis queridos espectros
Miradme os amo tanto pero soy extranjero
¿Quién salió de su tierra
Sin saber el hondor de su aventura?
Al desplegar las alas
El mismo no sabía qué vuelo era su vuelo

Vuestro tiempo y vuestro espacio
No son mi espacio ni mi tiempo
¿Quién es el extranjero? ¿Reconocéis su andar?
Es el que vuelve con un sabor de eternidad en la gargant
Con un olor de olvido en los cabellos

Con un sonar de venas misteriosas
Es este que está llorando el universo
Que sobrepasó la muerte y el rumor de la selva secreta
Soy impalpable ahora como ciertas semillas
Que el viento mismo que las lleva no las siente
Oh Poesía nuestro reino empieza

Este es aquel que durmió muchas veces
Allí donde hay que estar alerta
Donde las rocas prohíben la palabra
Allí donde se confunde la muerte con el canto del mar
Ahora vengo a saber que fui a buscar las llaves
He aquí las llaves
¿Quién las había perdido?
¿Cuánto tiempo ha que se perdieron?
Nadie encontró las llaves perdidas en el tiempo y en las
[brumas
¡Cuántos siglos perdidas!

Al fondo de las tumbas
Al fondo de los mares
Al fondo del murmullo de los vientos
Al fondo del silencio
He aquí los signos
¡Cuánto tiempo olvidados!
Pero entonces amigo ¿qué vas a decirnos?
¿Quién ha de comprenderte? ¿De dónde vienes?
¿En dónde estabas? ¿En qué alturas en qué
[profundidades?
Andaba por la Historia del brazo con la muerte

Oh hermano nada voy a decirte
Cuando hayas tocado lo que nadie puede tocar
Más que el árbol te gustará callar

MONUMENTO AL MAR *

Paz sobre la constelación cantante de las aguas
Entrechocadas como los hombros de la multitud
Paz en el mar a las olas de buena voluntad
Paz sobre la lápida de los naufragios
Paz sobre los tambores del orgullo y las pupilas tenebrosas
Y si yo soy el traductor de las olas
Paz también sobre mí

He aquí el molde lleno de trizaduras del destino
El molde de la venganza
Con sus frases iracundas despegándose de los labios
He aquí el molde lleno de gracia
Cuando eres dulce y estás allí hipnotizado por las estrellas

He aquí la muerte inagotable desde el principio del
[mundo
Porque un día nadie se paseará por el tiempo
Nadie a lo largo del tiempo empedrado de planetas
[difuntos

Este es el mar
El mar con sus olas propias
Con sus propios sentidos
El mar tratando de romper sus cadenas
Queriendo imitar la eternidad
Queriendo ser pulmón o neblina de pájaros en pena
O el jardín de los astros que pesan en el cielo
Sobre las tinieblas que arrastramos
O que acaso nos arrastran

* "Monumento al mar" es poema muy difundido de Huidobro.
Apareció por primera vez en la revista *Sur*, VII, 32, Buenos
Aires, mayo de 1937. Fue incluido también en el libro *Últimos
poemas*.

Cuando vuelan de repente todas las palomas de la luna
Y se hace más oscuro que las encrucijadas de la muerte

El mar entra en la carroza de la noche
Y se aleja hacia el misterio de sus parajes profundos
Se oye apenas el ruido de las ruedas
Y el ala de los astros que penan en el cielo
Este es el mar
Saludando allá lejos la eternidad
Saludando a los astros olvidados
Y a las estrellas conocidas

Este es el mar que se despierta como el llanto de un niño
El mar abriendo los ojos y buscando el sol con sus
                                   [pequeñas manos temblorosas
El mar empujando las olas
Sus olas que barajan los destinos

Levántate y saluda el amor de los hombres

Escucha nuestras risas y también nuestro llanto
Escucha los pasos de millones de esclavos
Escucha la protesta interminable
De esa angustia que se llama hombre
Escucha el dolor milenario de los pechos de carne
Y la esperanza que renace de sus propias cenizas cada día

También nosotros te escuchamos
Rumiando tantos astros atrapados en tus redes
Rumiando eternamente los siglos naufragados
También nosotros te escuchamos

Cuando te revuelcas en tu lecho de dolor
Cuando tus gladiadores se baten entre sí

Cuando tu cólera hace estallar los meridianos
O bien cuando te agitas como un gran mercado en fiesta
O bien cuando maldices a los hombres
O te haces el dormido
Tembloroso en tu gran telaraña esperando la presa

Lloras sin saber por qué lloras
Y nosotros lloramos creyendo saber por qué lloramos
Sufres sufres como sufren los hombres
Que oiga rechinar tus dientes en la noche
Y te revuelques en tu lecho
Que el insomnio no te deje calmar tus sufrimientos
Que los niños apedreen tus ventanas
Que te arranquen el pelo
Tose tose revienta en sangre tus pulmones
Que tus resortes enmohezcan
Y te veas pisoteado como césped de tumba

Pero soy vagabundo y tengo miedo que me oigas
Tengo miedo de tus venganzas
Olvida mis maldiciones y cantemos juntos esta noche
Hazte hombre te digo como yo a veces me hago mar
Olvida los presagios funestos
Olvida la explosión de mis praderas
Yo te tiendo las manos como flores
Hagamos las paces te digo
Tú eres el más poderoso
Que yo estreche tus manos en las mías
Y sea la paz entre nosotros

Junto a mi corazón te siento
Cuando oigo el gemir de tus violines
Cuando estás ahí tendido como el llanto de un niño
Cuando estás pensativo frente al cielo
Cuando estás dolorido en tus almohadas
Cuando te siento llorar detrás de mi ventana
Cuando lloramos sin razón como tú lloras

He aquí el mar
El mar donde viene a estrellarse el olor de las ciudades
Con su regazo lleno de barcas y peces y otras cosas
                                              [alegres
Esas barcas que pescan a la orilla del cielo
Esos peces que escuchan cada rayo de luz
Esas algas con sueños seculares

Y esa ola que canta mejor que las otras

He aquí el mar
El mar que se estira y se aferra a sus orillas
El mar que envuelve las estrellas en sus olas
El mar con su piel martirizada
Y los sobresaltos de sus venas
Con sus días de paz y sus noches de histeria

Y al otro lado qué hay al otro lado
Qué escondes mar al otro lado
El comienzo de la vida largo como una serpiente
O el comienzo de la muerte más honda que tú mismo
Y más alta que todos los montes
Qué hay al otro lado
La milenaria voluntad de hacer una forma y un ritmo
O el torbellino eterno de pétalos tronchados

He ahí el mar
El mar abierto de par en par
He ahí el mar quebrado de repente
Para que el ojo vea el comienzo del mundo
He ahí el mar
De una ola a la otra hay el tiempo de la vida
De sus olas a mis ojos hay la distancia de la muerte

PASIÓN PASIÓN Y MUERTE *

Señor, hoy es el aniversario de tu muerte.
Hace mil novecientos veintiséis años tú estabas en una
                                                    [cruz
Sobre una colina llena de gente.
Entre el cielo y la tierra tus ojos eran toda la luz.
Gota a gota sangraste sobre la historia.
Desde entonces un arroyo rojo atraviesa los siglos regando
                                            [nuestra memoria.

Las horas se pasaron ante el umbral extrahumano.
El tiempo quedó clavado con tus pies y tus manos.

Aquellos martillazos resuenan todavía,
Como si alguien llamara a las puertas de la vida.

Señor, perdóname si te hablo en un lenguaje profano,
Mas no podría hablarte de otro modo pues soy
                                        [esencialmente pagano.

Por si acaso eres Dios, vengo a pedirte una cosa
En olas rimadas con fatigas de prosa.

Hay en el mundo una mujer, acaso la más triste, sin duda
                                            [la más bella,
Protégela, Señor, sin vacilar; es ella. [1]

---

* "Pasión pasión y muerte" es uno de los escasos poemas religiosos del Huidobro maduro. Se publicó por primera vez el 2 de abril de 1926, en el diario *La Nación* de Santiago, durante la Semana Santa. La forma de versículo, la rima pareada y más de una imagen recuerdan poemas de Blaise Cendrars, en especial el titulado "Pascua en Nueva York", fechado en abril de 1912. Ver la traducción española en *Poesía completa,* de Cendrars, Ediciones Librería Fausto, Buenos Aires, 1975.

[1] Clara referencia a Jimena Amunátegui.

Y si eres realmente Dios y puedes más que mi amor,
Ayúdame a cuidarla de todos los peligros, Señor.

Señor, te estoy mirando con los brazos abiertos.
Quisieras estrechar todos los hombres y todo el universo.

Señor, cuando doblaste tu cabeza sobre la eternidad
Las gentes no sabían si era de tus ojos que brotaba la
[oscuridad

Las estrellas se fueron una a una en silencio
Y la luna no hallaba cómo esconderse detrás de los cerros

Se rasgaron las cortinas del cielo
Cuando pasaba tu alma al vuelo

Y yo sé lo que se vio detrás; no fue una estrella,
Señor; fue la cara más bella,
La misma que verías al momento
Si rompieras la carne de mi pecho.

Como tú, Señor, tengo los brazos abiertos aguardándola
[a ella.
Así lo he prometido y me fatigan tantos siglos de espera.

Se me caen los brazos como aspas rotas sobre la tierra.
¿No podrías, Señor, adelantar la fecha?

Señor, en la noche de tu cielo ha pasado un aerolito
Llevándose un voto suyo y su mirada al fondo del infinito.
Hasta el fin de los siglos seguirá rodando nuestro anhelo
[allí escrito.

Señor, ahora de verdad estoy enfermo
Una angustia insufrible me está mascando el pecho.

Y ese aerolito me señala el camino.
Amarró nuestras vidas en un solo destino.
Nos ha enlazado el alma mejor que todo anillo.

Señor, ella es débil y tenue como un ramo de sollozos.
Mirarla es un vértigo de estrellas en el fondo de un pozo.

Los ruiseñores del delirio cantaban en sus besos,
Se llenaba de fiebre el tubo de los huesos.

Alguien plantó en su alma viles hierbas de duda y ya no
[cree en mí.
Pruébame que eres Dios y en tres días de plazo llévame
[de aquí.

Quiero evadirme de mí mismo.
Mi espíritu está ciego y rueda entre planetas llenos de
[cataclismos.

Mi vida también sangra sobre la nieve,
Como un lobo herido que hace temblar la noche cada vez
[que se mueve.

Estoy crucificado sobre todas las cimas.
Me clava el corazón una corona de espinas.

Las lanzas de sus ojos me hieren el costado
Y un reguero de sangre sobre el silencio te dirá que he
[pasado.

Hace unos cuantos meses, Señor, abandoné mi viejo París,
Un extraño destino me traía a sufrir en mi país.

Hace frío, hace frío. El viento empuja el frío sobre
[nuestros caminos
Y los astros enrollan la noche girando como molinos.

Señor, piensa en los pobres inmigrantes que vienen hacia
[América de oro
Y encuentran un sepulcro en vez de cajas de tesoros.

Ellos impregnan las olas del ritmo de sus cantares.
La tempestad de sus almas es más horrenda que la de
[todos los mares.

Míralos cómo lloran por los seres que no verán más;
Les gritan en la noche todas las cosas que dejaron atrás.

Señor, piensa en las pobrecitas que sufren al humillar su
[carne,
Las nuevas Magdalenas que hoy lloran el dolor de tu
[madre.

Agazapadas al fondo de la angustia de su absurda Babel,
Beben lentamente grandes vasos de hiel.

Señor, piensa en las espirales de los naufragios anónimos,
En los sueños truncados que estallan en pedazos de
[bólido.

Piensa en los ciegos que tienen los párpados llenos de
[música y lloran por los ojos de su violín.
Ellos frotan sus arcos sobre la vida en una amargura sin
[fin.

Señor, te he visto sangrando en los vitraux de Chartres,
Como mil mariposas que hacia los sueños parten.

Señor, en Venecia he visto tu rostro bizantino
Un día en que el aire se rompía de besos y de vino.

Las góndolas pasaban cantando como nidos
Entre las ramas de olas, siguiendo nuestras risas hacia el
[Lido.

Y tú quedabas solo en San Marcos, aspirando las selvas
[de oraciones
Que crecen a tus plantas en todas las estaciones.

Señor, te he visto en un icono obra de un monje servio
[que al pintar tus espinas
Sentía toda el alma llena de golondrinas.

En la historia del mundo ¿qué significas tú?
Hace año y medio discutí este tema en un café de Moscú.

Un sabio ruso no te daba mayor importancia.
Yo decía haber creído en ti en mi infancia.

Una bailarina célebre por su belleza
Decía que tú eres solamente un cuento de tristeza.

Todos te negaron y ningún gallo cantó.
Acaso Pedro oyéndonos lloró.

Y al fondo de una vieja Biblia tu sermón de la montaña
Seguía resonando de una manera extraña.

Señor, yo también tengo mi vida dolorosa, mis caídas y
[mi pasión;
Saltando meridianos como un tigre herido sangra y aúlla
[mi corazón.

Reina el amor en todas sus espléndidas catástrofes
[internas,
Mil rubíes al fondo del cerebro atruenan
Y las plantas del deseo bordan el aire de estas noches
[eternas.

Poeta, poeta esclavo de aventuras y de algún sortilegio,
Soporto como tú la vida, el mayor sacrilegio.

Señor, lo único que vale en la vida es la pasión.
Vivimos para uno que otro momento de exaltación.

Un precipicio de suspiros se abre a mis pies; me detengo
[y vacilo.
Luego como un sonámbulo atravieso el mundo en
[equilibrio.

Señor, qué te importa lo que digan los hombres. Al fondo
[de la historia
Eres un crepúsculo clavado en un madero de dolor y de
[gloria.

Y el arroyo de sangre que brotó en tu costado
Todavía, Señor, no se ha estancado.

NON SERVIAM *

Y he aquí que una buena mañana, después de una noche de preciosos sueños y delicadas pesadillas, el poeta se levanta y grita a la madre Natura: *Non serviam.*

Con toda la fuerza de sus pulmones, un eco traductor y optimista repite en las lejanías: "No te serviré."

La madre Natura iba ya a fulminar al joven poeta rebelde, cuando éste, quitándose el sombrero y haciendo un gracioso gesto, exclamó: "Eres una viejecita encantadora."

Ese *non serviam* quedó grabado en una mañana de la historia del mundo. No era un grito caprichoso, no era un acto de rebeldía superficial. Era el resultado de toda una evolución, la suma de múltiples experiencias.

El poeta, en plena conciencia de su pasado y de su futuro, lanzaba al mundo la declaración de su independencia frente a la naturaleza.

Ya no quiere servirla más en calidad de esclavo.

El poeta dice a sus hermanos: "Hasta ahora no hemos hecho otra cosa que imitar al mundo en sus aspectos, no hemos creado nada. ¿Qué ha salido de nosotros que no estuviera antes parado ante nosotros, rodeando nuestros ojos, desafiando nuestros pies o nuestras manos?"

"Hemos cantado a la naturaleza (cosa que a ella bien poco le importa). Nunca hemos creado realidades propias, como ella lo hace o lo hizo en tiempos pasados, cuando era joven y llena de impulsos creadores."

"Hemos aceptado, sin mayor reflexión, el hecho de que no puede haber otras realidades que las que nos rodean,

---

* "Non serviam" —No te serviré— fue leído en el Ateneo de Santiago, en 1914. Es un verdadero manifiesto literario que echa las bases del futuro creacionismo. Se trata, como ya lo señala el título, de una actitud de rechazo a cualquiera postura imitativa. Más adelante, vendría el complemento propiamente positivo de la estética del autor.

y no hemos pensado que nosotros también podemos crear realidades en un mundo nuestro, en un mundo que espera su fauna y su flora propias. Flora y fauna que sólo el poeta puede crear, por ese don especial que le dio la misma Madre Naturaleza a él y únicamente a él."

Non serviam. No he de ser tu esclavo, madre Natura; seré tu amo. Te servirás de mí; está bien. No quiero y no puedo evitarlo; pero yo también me serviré de ti. Yo tendré mis árboles que no serán como los tuyos, tendré mis montañas, tendré mis ríos y mis mares, tendré mi cielo y mis estrellas.

Y ya no podrás decirme: "Ese árbol está mal, no me gusta ese cielo..., los míos son mejores."

Yo te responderé que mis cielos y mis árboles son los míos y no los tuyos y que no tienen por qué parecerse. Ya no podrás aplastar a nadie con tus pretensiones exageradas de vieja chocha y regalona. Ya nos escapamos de tu trampa.

Adiós, viejecita encantadora; adiós, madre y madrastra, no reniego ni te maldigo por los años de esclavitud a tu servicio. Ellos fueron la más preciosa enseñanza. Lo único que deseo es no olvidar nunca tus lecciones, pero ya tengo edad para andar solo por estos mundos. Por los tuyos y por los míos.

Una nueva era comienza. Al abrir sus puertas de jaspe, hinco una rodilla en tierra y te saludo muy respetuosamente.

EL CREACIONISMO *

El creacionismo no es una escuela que yo haya querido imponer a alguien, el creacionismo es una teoría estética general que empecé a elaborar hacia 1912, y cuyos tanteos y primeros pasos los hallaréis en mis libros y artículos escritos mucho antes de mi primer viaje a París.

En el número 5 de la revista *Musa Joven,* [1] yo decía:

El reinado de la literatura terminó. El siglo veinte verá nacer el reinado de la poesía en el verdadero sentido de la palabra, es decir, en el de creación, como la llamaron los griegos, aunque jamás lograron realizar su definición.

Más tarde, hacia 1913 ó 1914, yo repetía casi igual cosa en una pequeña entrevista aparecida en la revista *Ideales,* entrevista que encabezaba mis poemas. También en mi libro *Pasando y pasando,* aparecido en diciembre de 1913, digo en la página 270 que lo único que debe interesar a los poetas es el "acto de la creación", y oponía a cada instante este acto de creación a los comentarios y a la poesía *alrededor de.* La cosa creada contra la cosa cantada. [2]

En mi poema *Adán,* que escribí durante las vacaciones de 1914 y que fue publicado en 1916, encontraréis estas

* "El Creacionismo", incluido entre los Manifiestos propiamente tales, es de particular importancia en el credo estético de Huidobro. Comienza haciendo un recuerdo bibliográfico y sigue definiendo el poema creado. Los ejemplos son claros y muestran gran seguridad en el credo sustentado. Es, como se dice explícitamente, el testamento poético de Huidobro.

[1] Revista creada por Huidobro. El núm. 5 apareció el 5 de septiembre de 1912.

[2] *Pasando y pasando* está fechado en Santiago, 1914. La indicación del autor acerca de la aparición material del libro en diciembre de 1913 muestra su afán de prioridades y de originalidad.

frases de Emerson en el prefacio, donde se habla de la constitución del poema:

Un pensamiento tan vivo que, como el espíritu de una planta o de un animal, tiene una arquitectura propia, adorna la naturaleza con una cosa nueva.

Pero fue en el Ateneo de Buenos Aires, en una conferencia que di en junio de 1916, donde expuse plenamente la teoría. Fue allí donde se me bautizó como *creacionista* por haber dicho en mi conferencia que la primera condición del poeta es crear, la segunda crear, y la tercera, crear.

Recuerdo que el profesor argentino José Ingenieros, que era uno de los asistentes, me dijo durante la comida a que me invitó con algunos amigos después de la conferencia: "Su sueño de una poesía inventada en cada una de sus partes por los poetas me parece irrealizable, aunque usted lo haya expuesto en forma muy clara e incluso muy científica."

Casi la misma opinión la tienen otros filósofos en Alemania y dondequiera yo haya explicado las mismas teorías. "Es hermoso, pero irrealizable."

¿Y por qué habrá de ser irrealizable?

Respondo ahora con las mismas frases con que acabé mi conferencia dada ante el grupo de Estudios Filosóficos y Científicos del doctor Allendy, en París, en enero de 1922:

Si el hombre ha sometido para sí a los tres reinos de la naturaleza, el reino mineral, el vegetal y el animal, ¿por qué razón no podrá agregar a los reinos del universo su propio reino, el reino de sus creaciones?

El hombre ya ha inventado toda una fauna nueva que anda, vuela, nada, y llena la tierra, el espacio y los mares con sus galopes desenfrenados, con sus gritos y sus gemidos.

Lo realizado en la mecánica también se ha hecho en la poesía. Os diré qué entiendo por poema creado. Es un poema en el que cada parte constitutiva, y todo el conjunto, muestra un hecho nuevo, independiente del mundo externo, desligado de cualquiera otra realidad que no sea la propia, pues toma su puesto en el mundo como un fenómeno singular, aparte y distinto de los demás fenómenos.

Dicho poema es algo que no puede existir sino en la cabeza del poeta. Y no es hermoso porque recuerde algo, no es hermoso porque nos recuerde cosas vistas, a su vez hermosas, ni porque describa hermosas cosas que podamos llegar a ver. Es hermoso en sí y no admite términos de comparación. Y tampoco puede concebírselo fuera del libro.

Nada se le parece en el mundo externo; hace real lo que no existe, es decir, se hace realidad a sí mismo. Crea lo maravilloso y le da vida propia. Crea situaciones extraordinarias que jamás podrán existir en el mundo objetivo, por lo que habrán de existir en el poema para que existan en alguna parte.

Cuando escribo: "El pájaro anida en el arco-iris", os presento un hecho nuevo, algo que jamás habéis visto, que jamás veréis, y que sin embargo, os gustaría mucho ver.

Un poeta debe decir aquellas cosas que nunca se dirían sin él.

Los poemas creados adquieren proporciones cosmogónicas; os dan a cada instante el verdadero sublime, este sublime del que los textos nos presentan ejemplos tan poco convincentes. Y no se trata del sublime excitante y grandioso, sino de un sublime sin pretensión, sin terror, que no desea agobiar ni aplastar al lector: un sublime de bolsillo.

El poema creacionista se compone de imágenes creadas, de situaciones creadas, de conceptos creados; no escatima ningún elemento de la poesía tradicional, salvo que en él dichos elementos son íntegramente inventados, sin preocuparse en absoluto de la realidad ni de la veracidad anteriores al acto de realización.

Así, cuando escribo:

El océano se deshace
Agitado por el viento de los pescadores que silban

presento una descripción creada; cuando digo: "Los lingotes de la tempestad", os presento una imagen pura creada, y cuando os digo: "Ella era tan hermosa que no podía hablar", o bien: "La noche está de sombrero", os presento un concepto creado.

En Tristán Tzara encuentro poemas admirables que están muy cerca de la más estricta concepción creacionista. Aunque en él la creación es generalmente más formal que fundamental. Pero el hombre que ha escrito los siguientes versos es, sin la sombra de una duda, un poeta:

EN PORCELAINE la chanson pensée, je suis fatigué — la chanson des rcines l'arbre crève de la nourriture comme une lampe.

JE PLEURE vouloir se lever plus haut que le jet d'eau serpente au ciel car il n'existe plus la gravité terrestre à l'école et dans le cerveau.

Quand le poisson rame
le discours du lac
quand il joue la gamme
la promenade des dames, etc. *

A veces, Francis Piccabia nos abre en sus poemas ventanas sobre lo insospechado, probándonos que no sólo es pintor:

---

* EN PORCELANA la canción pensada, estoy fatigado — la canción de las reinas el árbol revienta de alimento como una lámpara.

LLORO querer alzarse más alto que el juego de agua serpiente en el cielo, pues ya no existe la gravedad terrestre en la escuela y en el cerebro.

Cuando el pez rema
el discurso del lago
cuando toca el diapasón
el paseo de las damas, etc.

Enchaîné sur l'avenir de l'horloge
des récreations
dans un empire missel;

Le jour épuisé d'un court instant
parcimonieux
échappe à la sagacité du lecteur
d'esprit.

Les jeunes femmes compagnes du fleuve
logique viennent comme une tache sur l'eau
pour gagner un monstre enfumé
d'amis aimables
dans l'ordre du suicide enragé.

Emporter une histoire pour deux
à force de joie dans la chevelure
des syllabes. *

También Georges Ribémont Dessaignes tiene versos
que nos sacan de lo habitual:

Regarder par la prunelle de sa maîtresse
afin de voir à l'intérieur. **

---

* Encadenado sobre el porvenir del reloj
diversiones
en un imperio misal;

El día agotado por un corto instante
parsimonioso
escapa a la sagacidad del lector
fino.

Las jóvenes mujeres compañeras del río
lógico llegan como una mancha sobre el agua
para ganar un monstruo ahumado
de amigos amables
en la orden del suicida enrabiado.

Llevar una historia para dos
a fuerza de alegría en la cabellera
de las sílabas.

** Mirar por la pupila de su amante
para ver qué hay dentro.

Y Paul Eluard nos hace a menudo temblar como un
surtidor que nos golpeara la espina dorsal:

Il y a des femmes dont les yeux sont comme des morceaux de
[sucre
il y a des femmes graves comme les mouvements de l'amour
[qu'on ne surprend pas,
d'autres, comme le ciel à la veille du vent.

Le soir traînait des hirondelles. Les hibous
partageaient le soleil et pesaient sur la terre. *

Los dos poetas creacionistas españoles, Juan Larrea y
Gerardo Diego, han dado sendas pruebas de su talento.
Cuando Gerardo Diego escribe:

Al silbar tu cabeza se desinfla

o bien:

La lluvia tiembla como un cordero

o esto otro:

Una paloma despega del cielo

nos da una sensación poética muy pura. Igual cosa sucede
con Juan Larrea cuando dice:

Un pájaro cambia el tiempo

o bien:

Lechos de ladrillos entre los sonidos

y aún esto otro:

Tu recuerdo se aleja según la dirección del viento.

---

* Hay mujeres cuyos ojos son como pedazos de azúcar
hay mujeres serias como los movimientos del amor que uno no
[sorprende,
Otras como el cielo en vísperas de viento.

La tarde arrastraba golondrinas. Los búhos
Dividían el sol y pesaban sobre la tierra.

Ambos poetas han probado a los españoles escépticos hasta qué grado de emoción puede llegar lo inhabitual, demostrando todo lo que de serio contiene la teoría creacionista. Nunca han hecho burlarse como aquellos pobres ultraístas a las personas de espíritu realmente superior.

Si para los poetas creacionistas lo que importa es presentar un hecho nuevo, la poesía creacionista se hace traducible y universal, pues los hechos nuevos permanecen idénticos en todas las lenguas.

Es difícil y hasta imposible traducir una poesía en la que domina la importancia de otros elementos. No podéis traducir la música de las palabras, los ritmos de los versos que varían de una lengua a otra; pero cuando la importancia del poema reside ante todo en el objeto creado, aquél no pierde en la traducción nada de su valor esencial. De este modo, si digo en francés:

La nuit vient des yeux d'autrui

o si digo en español:

La noche viene de los ojos ajenos

o en inglés:

Night comes from others eyes

el efecto es siempre el mismo y los detalles lingüísticos secundarios. La poesía creacionista adquiere proporciones internacionales, pasa a ser la Poesía, y se hace accesible a todos los pueblos y razas, como la pintura, la música o la escultura.

* * *

Hay en el hombre una dualidad que se manifiesta en todos sus actos, dos corrientes paralelas en las que engendran todos los fenómenos de la vida.

Todo ser humano es un hermafrodita frustrado. Tenemos un principio o una fuerza de expansión, que es femenina, y una fuerza de concentración, que es masculina.

En ciertos hombres domina una en detrimento de la otra. En muy pocos aparecen ambas en perfecto equilibrio.

En el fondo, es en esto donde hallaremos soluciones para el eterno problema de románticos y clásicos.

Todo sigue en el hombre a esta ley de dualidad. Y si llevamos en nosotros una fuerza centrífuga, también tenemos una fuerza centrípeta.

Poseemos vías centrípetas, vías que nos traen como antenas los hechos que ocurren a sus alrededores (audición, visión, sensibilidad general), y poseemos vías centrífugas, que semejan aparatos de emisiones y nos sirven para emitir nuestras ondas, para proyectar el mundo subjetivo en el mundo objetivo (escritura, palabra, movimiento).

El poeta, como todos los hombres, tiene dos personalidades, que no son, hablando con propiedad, dos personalidades, sino por el contrario la personalidad en singular, la única verdadera.

La personalidad total se compone de 3/4 de personalidad innata y de 1/4 de personalidad adquirida.

La personalidad innata es la que Bergson llama yo fundamental; la otra es el yo superficial.

También Condillac distinguía entre un yo pensante y un yo autómata.

En el creacionismo proclamamos la personalidad total.

Nada de parcelas de poetas.

El infinito entero en el poeta, el poeta íntegro en el instante de proyectarse.

La obra de arte tiene como cuna estos dos elementos, que también constituyen una dualidad paralela: la sensibilidad, que es el elemento afectivo, y la imaginación, que es el elemento intelectual.

En el dictado automático, la sensibilidad ocupa mayor espacio que la imaginación, pues el elemento afectivo se halla mucho menos vigilado que el otro.

En la poesía creada, la imaginación arrasa con la simple sensibilidad.

* * *

Nada me afirmó más en mis teorías que la crítica violenta, que los comentarios burlescos de mis poemas, sobre todo los hechos a mi libro *La gruta del silencio*, publicado en 1913. Todos los críticos sufrían una crisis nerviosa precisamente ante los versos que me gustaban, y sin saber tal vez por qué.

Nadie adivinará nunca cuánto me hizo pensar este hecho sin importancia. Sin proponérselo, los críticos me ayudaron mucho en mi trabajo al recortar con tijeras precisas versos o imágenes como las siguientes:

En mi cerebro hay alguien que viene de lejos.

o bien:

Las horas que caen silenciosas como gotas de agua por un
[vidrio.
La alcoba se durmió en el espejo.
El estanque estañado.
Una tarde me aproximé hacia la orilla del libro.

¿Sabéis qué poetas citaba yo en la primera página de ese libro? Rimbaud y Mallarmé. ¿Y sabéis qué citaba de Rimbaud?

Y a veces he visto lo que el hombre ha creído ver.

Después que apareció mi libro *La gruta del silencio* di también gran importancia al subconsciente y hasta a cierta especie de sonambulismo. Entregué a la revista *Ideales* un poema que se titulaba "Vaguedad subconsciente" y anuncié ese mismo año un libro escrito íntegramente en aquel estilo, titulado *Los espejos sonámbulos*. *

* Podéis verlo anunciado en la lista de *Obras del autor* de mi librito: *El espejo de agua*, publicado en 1916 en Buenos Aires.

Pero éste fue un paréntesis de pocos meses. Pronto sentí que perdía tierra y caía, seguramente por reacción, por una reacción violenta, casi miedosa, en ese horrible panteísmo mezcla de hindú y de noruego, en esa poesía de buey rumiante y de abuela satisfecha. Felizmente esta caída duró poco y al cabo de algunas semanas retomé mi antiguo camino con mucho más entusiasmo y conocimiento que antes.

Luego vino el período de las confidencias a los amigos y de las sonrisas equívocas de los unos y compasivas de los otros. Las burlas irracionales, la atmósfera irrespirable que iban a obligarme a dejar mis montañas nativas y a buscar climas más favorables para los cateadores de minas.

A fines de 1916 caía en París, en el ambiente de la revista *Sic.* Yo apenas conocía la lengua, pero pronto me di cuenta de que se trataba de un ambiente muy futurista y no hay que olvidar que dos años antes, en mi libro *Pasando y pasando,* yo había atacado al futurismo como algo demasiado viejo, en el preciso instante en que todos voceaban el advenimiento de algo completamente nuevo.

Yo buscaba por todas partes esta poesía creada, sin relación con el mundo externo y, cuando a veces creía hallarla, pronto me daba cuenta de que era sólo mi falta de conocimiento de la lengua lo que me hacía verla allí donde faltaba en absoluto o sólo se hallaba en pequeños fragmentos, como en mis libros más viejos de 1913 y 1915.

¿Habéis notado la fuerza especial, el ambiente casi creador que rodea a las poesías escritas en una lengua que comenzáis a balbucear?

Encontráis maravillosos poemas que un año después os harán sonreír.

En el medio de Apollinaire se hallaban, aparte de él, que era un poeta indiscutible, varios investigadores serios; desgraciadamente gran parte de ellos carecía del fuego sagrado, pues nada es más falso que creer que las dotes se hallan tiradas por las calles. Las verdaderas dotes de poeta son de lo más escaso que existe. Y no le doy

aquí al vocablo poeta el sentido íntimo que tiene para
mí, sino que su sentido habitual, pues para mí nunca ha
habido un solo poeta en toda la historia de nuestro planeta.

Hoy afirmo rotundamente, tal como lo hice diez años
atrás en el Ateneo de Buenos Aires: "Nunca se ha com-
puesto un solo poema en el mundo, sólo se han hecho
algunos vagos ensayos de componer un poema. La poesía
está por nacer en nuestro globo. Y su nacimiento será un
suceso que revolucionará a los hombres como el más for-
midable terremoto." A veces me pregunto si no pasará
desapercibido.

Dejemos, pues, bien establecido que cada vez que yo
hablo de poeta sólo empleo esta palabra para darme a
entender, como estirando un elástico para poder aplicarla
a quienes se hallan más cerca de la importancia que a
ella le asigno.

En la época de la revista *Nord-Sud,* de la que fui uno
de los fundadores, todos teníamos más o menos la misma
orientación en nuestras búsquedas, pero en el fondo está-
bamos bastante lejos unos de otros.

Mientras otros hacían buhardas ovaladas, yo hacía
horizontes cuadrados. He aquí la diferencia expresada en
dos palabras. Como todas las buhardas son ovaladas, la
poesía sigue siendo realista. Como los horizontes no son
cuadrados, el autor muestra algo creado por él.

Cuando apareció *Horizon carré,* he aquí cómo expli-
qué dicho título en una carta al crítico y amigo Thomas
Chazal:

Horizonte cuadrado. Un hecho nuevo inventado por mí, creado
por mí, que no podría existir sin mí. Deseo, mi querido amigo,
englobar en este título toda mi estética, la que usted conoce
desde hace algún tiempo.
Este título explica la base de mi teoría poética. Ha condensado
en sí la esencia de mis principios.
1.º Humanizar las cosas. Todo lo que pasa a través del or-
ganismo del poeta debe coger la mayor cantidad de su calor. Aquí
algo vasto, enorme, como el horizonte, se humaniza, se hace íntimo, filial gracias al adjetivo *cuadrado.* El infinito anida en nuestro corazón.

2.º Lo vago se precisa. Al cerrar las ventanas de nuestra alma, lo que podía escapar y gasificarse, deshilacharse, queda encerrado y se solidifica.

3.º Lo abstracto se hace concreto y lo concreto abstracto. Es decir, el equilibrio perfecto, pues si lo abstracto tendiera más hacia lo abstracto, se desharía en sus manos o se filtraría por entre sus dedos. Y si usted concretiza aún más lo concreto, éste le servirá para beber vino o amoblar su casa, pero jamás para amoblar su alma.

4.º Lo que es demasiado poético para ser creado se transforma en algo creado al cambiar su valor usual, ya que si el horizonte era poético en sí, si el horizonte era poesía en la vida, al calificársele de cuadrado acaba siendo poesía en el arte. De poesía muerta pasa a ser poesía viva.

Las pocas palabras que explican mi concepto de la poesía, en la primera página del libro de que hablamos, os dirán qué quería hacer en aquellos poemas. Decía:

Crear un poema sacando de la vida sus motivos y transformándolos para darles una vida nueva e independiente.
Nada de anecdótico ni de descriptivo. La emoción debe nacer de la sola virtud creadora.
Hacer un poema como la naturaleza hace un árbol.

En el fondo, era exactamente mi concepción de antes de mi llegada a París: la de aquel acto de creación pura que hallaréis, como una verdadera obsesión, en cualquier parte de mi obra a partir de 1912. Y aún sigue siendo mi concepción de la poesía. El poema creado en todas sus partes, como un objeto nuevo.

Debo repetir aquí el axioma que presenté en mi conferencia del Ateneo de Madrid, en 1921, y últimamente en París, en mi conferencia de la Sorbona, axioma que resume mis principios estéticos: "El Arte es una cosa y la Naturaleza otra. Yo amo mucho el Arte y mucho la Naturaleza. Y si aceptáis las representaciones que un hombre hace de la Naturaleza, ello prueba que no amáis ni la Naturaleza ni el Arte."

En dos palabras y para terminar: los creacionistas han sido los primeros poetas que han aportado al arte el poema inventado en todas sus partes por el autor.

He aquí, en estas páginas acerca del creacionismo, mi
estamento poético. Lo lego a los poetas del mañana, a
os que serán los primeros de esta nueva especie animal,
el poeta, de esta nueva especie que habrá de nacer pronto,
según creo. Hay signos en el cielo.

Los casi-poetas de hoy son muy interesantes, pero su
interés no me interesa.

El viento vuelve mi flauta hacia el porvenir.

ÍNDICE DE POEMAS

ESTE LIBRO
SE TERMINÓ DE IMPRIMIR
EL DÍA 13 DE FEBRERO DE 1990

ÚLTIMOS TÍTULOS PUBLICADOS